Joseph Knobel Freud

# *Ideas para padres en apuros*
## Cómo ayudar a tus hijos

Colección
Parenting

# *Ideas para padres en apuros*

## Joseph Knobel Freud

gedisa
editorial

© Joseph Knobel Freud, 2020

Cubierta: Juan Pablo Venditti

Primera edición: Febrero, 2020

Derechos reservados para todas las ediciones en castellano

© Editorial Gedisa, S.A.
Avda. del Tibidabo, 12, 3.º
08022 Barcelona (España)
Tel. 93 253 09 04
gedisa@gedisa.com
http://www.gedisa.com

Preimpresión: Fotocomposición gama, sl

ISBN: 978-84-17835-65-1
Depósito legal: B.149-2020

Impreso por Sagrafic

Impreso en España
*Printed in Spain*

# Índice

# Introducción
## ¿Qué significa ser padres?

Traer a un niño al mundo es algo relativamente sencillo. Pero criarlo no siempre es fácil. Si llega un hermanito y el niño que había sido el rey de la casa se pone muy celoso, si de repente un niño suspende muchas asignaturas, si se separan los padres, si mamá tiene nueva pareja, si un niño de cuatro añitos vuelve a hacerse pipí en la cama por la noche, si parece que está triste sin motivo... ¿Qué le estará pasando a mi hijo?, ¿cómo puedo ayudarlo?, ¿lo estoy haciendo bien? Ser padres es un oficio tan maravilloso como, en ocasiones, complicado.

Me llamo Joseph Knobel Freud. Quizá les suene mi apellido. Luego les explico por qué llevo este apellido tan conocido. Trabajo como psicoanalista desde hace treinta años. Aunque en mi trabajo como psicoanalista también trato a adultos, la mayoría de mis pacientes son niños. Ésta es mi especialidad. La verdad es que no se me ocurre una profesión mejor. Me encanta estar con niños, me encanta acercarme a su mundo, me encanta aportar mi granito de arena para que puedan resolver sus conflictos y que su vida sea un poco mejor. Este trabajo comporta obligaciones muy divertidas, como estar informado del universo que rodea a la infancia, jugar con niños, dibujar con ellos... Hay que conocer quiénes son Bob Esponja o Justin Bieber como hace algunos años había que saber quiénes eran Oliver y Benji o Espinete. Y tratar con niños es toda una aventura. Son sorprendentes, divertidos y, muchas veces, están más informados de lo que pasa en su familia de lo que los padres creen. Aunque, como es lógico, buena parte de mi profesión consiste en estar en contacto con el lado menos alegre y despreocupado de la infancia.

## Muchos cambios en poco tiempo

Hace ya más de 10 años comencé a dar conferencias y talleres en escuelas y foros profesionales. Parece poco tiempo, pero es mucho si tenemos en cuenta el ritmo al que cambia la sociedad moderna. Por poner un ejemplo, hace algunos años dediqué mucho tiempo a hablar de la televisión, a la que bauticé como la «Invitada permanente» —cuando no la «canguro»— en las casas de muchos niños. Hoy esa invitada permanente ha tenido hijitos. Ha crecido ¡y mucho! la familia de pantallas que rodean a los niños: móviles, tabletas, ordenadores, consolas han entrado en nuestras vidas vertiginosamente y de golpe. Y lo han hecho para quedarse. Hoy escucho las preocupaciones de muchos padres por «lo viciados» que están sus hijos con el *Fortnite* o con Instagram, mientras ellos mismos no pueden dejar de consultar su WhatsApp o enviar un mail en los 50 minutos que dura la entrevista. Hoy no es raro enterarse de la llegada al mundo de un niño a partir de una foto de la primera ecografía colgada en alguna red social: mucho antes de nacer, los niños ya están atravesados por la tecnología y la cultura de la imagen. Y es importante que nos detengamos a pensar qué efectos tiene esta omnipresencia de las pantallas en las relaciones entre padres e hijos.

La tecnología también ha avanzado a un ritmo trepidante en el campo de la medicina y hoy existen técnicas de reproducción asistida extremadamente diversas. Y como los ritmos y tiempos de la sociedad también cambian, encontramos muchas más parejas que recurren a nuevos métodos para concebir un hijo que hace siete años. Hay nuevos personajes en la prehistoria de muchos niños: clínicas de reproducción, ginecólogos y endocrinos, vientres de alquiler. Las diversas técnicas de reproducción asistida y sus profesionales ocuparán distintos lugares en el imaginario de padres e hijos. Así que también es necesario pensar en las repercusiones que acarrean las nuevas formas de forjar una familia, y en qué respuestas daremos a la inevitable pregunta que todo niño se formula alguna vez: ¿de dónde vengo?

Claro que todos estos avances han permitido forjar familias cada vez más diversas, y la sociedad se ha vuelto más rica, y también más compleja. Recuerdo que hace más de 20 años me invitaron a hablar sobre la posibilidad de que las parejas homosexuales puedan adoptar, ¡y era una gran novedad! Hoy la sexualidad adulta invade el universo infantil, y muchos padres acuden para consultar por la identidad de género de sus hijos, o por su orientación sexual. Como veremos en los nuevos capítulos dedicados a estas cuestiones, yo defiendo el derecho de los niños de ocuparse de lo que tienen entre manos para jugar y no preocuparse por lo que tienen entre sus piernas. Pero esto es necesario pensarlo con calma, y sin dogmatismos. Sabemos que si Freud tuviera que teorizar hoy sobre la construcción de la subjetividad y la importancia de las relaciones de parentesco como organizadoras de la sociedad, tendría que lidiar con una complejidad y una diversidad muy distintas a las de la Viena en la que nació el psicoanálisis. Pero sus teorizaciones sobre el llamado complejo de Edipo (esa mezcla de sentimientos amorosos y hostiles entre padres e hijos que permiten y acompañan el proceso de crecimiento del que hablo a lo largo de este libro) han cumplido más de cien años. Y los psicoanalistas de hoy estamos obligados a revisar una teoría que siempre huyó de los dogmas. Para ello, es necesario escuchar mucho, y escuchar a todos. No en vano, los psicoanalistas somos profesionales de la escucha. Y escuchar a los distintos movimientos sociales surgidos de la diversidad y los cambios me ha hecho pensar: por citar sólo un ejemplo, me dio mucho que pensar la retirada de una biblioteca de Barcelona por parte de la comisión de género de una escuela pública de más de 200 libros, entre ellos, *Caperucita Roja* o *La bella durmiente*, por considerarlos sexistas. Y por ello este libro incluye un capítulo dedicado a los cuentos infantiles y su importante función a la hora de elaborar fantasías universales típicas de la infancia. «Papá, cuéntalo otra vez», dicen los niños.

Durante los últimos años, he tenido la oportunidad de ver nuevos pacientes, que consultan por nuevos problemas.

Y mis escritos sobre infancia me han dado la oportunidad de salir de mi consulta, y hacer cursos, talleres y encuentros con padres, profesores y colegas. Y conversar con padres, maestros y psicólogos de todo el mundo, desde Barcelona hasta Buenos Aires, São Paulo y Oaxaca, llegando a Durban, por citar sólo algunas de las ciudades en las que he podido presentar y discutir varios de los temas que aquí planteo. Y esto me ha enriquecido muchísimo.

## La infancia no es el paraíso perdido

Porque el paraíso no existe. Mucha gente cree que la infancia es un paraíso en el que los niños son, o deben ser, absolutamente felices. Pero hay niños que sufren experiencias muy traumáticas, como la muerte de uno de los padres o abusos sexuales, que les pueden dejar huella si no se gestionan adecuadamente. Muchas veces será necesaria la ayuda de un profesional de la salud mental. Además, aunque no se vivan situaciones tan duras, crecer es un camino complicado. Hay que renunciar a los privilegios de ser un bebé en el que los padres viven absolutamente volcados, hay que aprender a relacionarse con los compañeros del colegio, muchos padres se separan... Los niños también sufren.

Como decía el psicoanalista Donald Winnicott (1896-1971), la vida es un camino de la dependencia total a la independencia total. Y, para recorrerlo, es fundamental el papel que desempeñan papá y mamá.

## ¿En qué consiste ser padres?

Los padres son las figuras de referencia más importantes para un niño. Lo alimentan física y psicológicamente. La personalidad se va formando mediante lo que los psicoanalistas llamamos «procesos de identificación». Los niños necesitan identificarse con los adultos. Si una madre está muy deprimida durante los primeros años de su hijo, éste tiene más riesgo de desarrollar una personalidad depresiva. Si la madre, en cambio, lo cuida suficientemente bien (algo que suele pasar sin problemas si la madre está suficientemente bien de ánimos), probablemente el futuro adulto sea una persona optimista y con buena autoestima.

Durante la infancia se construyen las bases de la personalidad. Por eso sería ideal que los padres disfrutaran de bajas por maternidad o paternidad largas y tranquilas. Así, podrían formar un buen vínculo con sus hijos, algo que sería muy saludable para los progenitores y los niños, pero también para la sociedad en general.

Uno de los grandes problemas de la actualidad en lo que respecta a la crianza de los hijos es que muchos padres no pueden estar con sus hijos todo el tiempo que les gustaría. Es muy habitual que tengan que trabajar tanto el padre como la madre. A veces, jornadas largas y extenuantes. Los padres regresan a casa y apenas pueden ver a sus hijos. Les falta tiempo para estar con ellos. Así que muchos niños se crían prácticamente entre abuelos y canguros. Y, claro, así puede ser muy complicado forjar un buen vínculo y educar a los hijos. Aunque el vínculo depende más de la calidad del tiempo que pasan juntos que de la cantidad. Por eso, cuando unos padres me dicen que se sienten muy mal por no pasar con sus hijos todo el tiempo que les gustaría, les digo que lo importante es que cuando estén con ellos lo estén de verdad. Es decir, pendientes de sus hijos y disfrutando de su compañía.

Y es que los primeros años de vida son absolutamente fundamentales para el futuro adulto. Cuando un bebé llega al mundo, está completamente indefenso. Con su llanto, se encarga de informar a sus padres de que los necesita urgentemente. Y, en esos primeros años de vida (sobre todo en los primeros meses), el niño depende especialmente de quien realice lo que los psicoanalistas llamamos la «función materna». Hablaré varias veces de esta función a lo largo del libro. La función materna la suele realizar la madre pero también puede ejercerla el padre u otra persona (como una abuela). Consiste en alimentar al niño, cuidarlo, protegerlo, entender qué le pasa cuando llora, acunarlo cuando está angustiado, darle todos los besos del mundo...

La madre (o, como decía, quien desempeñe la función materna) se fusiona con su hijo durante los primeros meses de vida. El bebé no tiene consciencia de sí mismo como un ser diferente a su madre. Para él, su madre y él están fusionados, son lo mismo. Y es bueno que esto sea así... durante un tiempo. El bebé tiene que sentir que le dan todo lo que necesita (tanto física como psicológicamente). El niño recibe mucho amor, y, de esta forma, su psique empieza a construirse sobre una base sólida. Así se forma la base de la seguridad en uno mismo, de la autoestima, de la percepción de que el mundo es un lugar del que se pueden esperar cosas buenas. Digamos que, gracias a una buena función materna, el niño sentirá que puede confiar en los demás y en la vida. La función materna consiste en hacerle sentir al niño que es lo más importante para su madre y que merece ser amado. Ahí está la piedra fundacional de la autoestima y de la salud mental.

Quien realiza la función materna le dice a su hijo que es el más guapo y maravilloso del mundo. Algo vital para el desarrollo psicológico del niño. Y éste siente que es lo más importante en la vida de esa persona, que es casi lo único para ella. Pero, como ya he señalado, la vida es un camino de la dependencia total a la independencia total. Esa fusión entre madre e hijo es saludable durante los primeros meses de vida. Pero luego es necesario iniciar el camino hacia la independencia. Y aquí entra la función paterna.

Aparte de la función materna, los psicoanalistas hablamos de la «función paterna», que suelen ejercer los padres aunque también pueden ejercer las madres. Llega un momento, entre los seis y los nueve meses, en que es necesario que esta fusión entre madre e hijo que ha sido tan saludable se vaya deshaciendo. Hasta ese momento, la madre se habrá dedicado a su hijo en cuerpo y alma. Ahora, será necesario que se retire un poco, que deje espacio a su hijo para que éste aprenda a estar solo. No hace falta ser psicoanalista para darse cuenta de que la sobreprotección hace más daño que bien a los niños. El padre (o quien desempeñe la función paterna) se encarga de *separar* al niño de la madre. Le dice al niño que no puede estar siempre en los brazos de la madre, le dice que no puede dormir con sus papás, le pone límites. Ayuda a su hijo en su camino a la independencia.

Vuelvo a repetir, a riesgo de ser algo pesado: cuando hablo de función paterna y función materna no quiero decir que, por ejemplo, el padre siempre realice la primera y sea el encargado de poner límites y la madre se encargue siempre de la segunda. A veces, el padre ejerce la función materna más que la madre. Y, en la mayoría de las parejas, esos roles se alternan. Incluso, como veremos en el capítulo sobre las familias monoparentales, una misma persona puede alternar ambos roles: el materno y el paterno.

Así que, ¿en qué consiste ser padres? Pues en amar a los hijos, disfrutar de ellos, intentar ejercer las funciones materna y paterna de la mejor forma posible y formar un buen vínculo con ellos para entender sus necesidades. Además, es fundamental transmitir ilusión, alegría y felicidad a los hijos. Es decir, desempeñar con entusiasmo todas las responsabilidades que exige la paternidad: cocinar, limpiar al niño, ayudarlo con los deberes... Cuando las funciones materna o paterna no se realizan suficientemente bien (por ejemplo, cuando la madre está muy deprimida o los padres están pasando por una crisis como pareja y no se ocupan adecuadamente del niño), las consecuencias pueden durar toda la vida. Numerosos estudios relacionan los buenos cuidados de los padres en la infancia con una buena salud mental en la vida adulta. Y, viceversa, unos cuidados insuficientes aumentan el riesgo de sufrir problemas psicológicos. Como ya he señalado, si la madre está deprimida en los primeros meses o años de vida del niño, es probable que éste tenga tendencia a la depresión o, ya en la adolescencia y la adultez, a otras patologías mentales, como el trastorno límite de la personalidad o los trastornos narcisistas.

Y, si tuviera que elegir cuál es actualmente el gran conflicto entre padres e hijos, diría que es la gran dificultad de muchos adultos a autorizarse a ejercer de padres. Es decir, a permitirse ser decididos a la hora de poner límites a sus hijos, a decirles que hay cosas que no pueden hacer o decir y a mantenerse firmes en su posición. Muchos padres me confiesan en consulta que tienen miedo a que sus hijos les dejen de querer. Por esa razón no se atreven a ponerles límites. No se dan la autoridad para hacerlo, es decir, para ejercer como padres. Y, además, muchos de ellos me dicen que tienen miedo a ser malos padres. Los niños tienen que disfrutar de la infancia, pero también deben tener límites. Un niño al que se le ponen límites es un niño amado. Y una infancia saludable, en la que el niño disfrute pero también tenga límites, es la mejor inversión para el futuro adulto. Los padres necesitan autorizarse a ser padres y encontrar, por sí mismos y a medida que vayan conociendo a su hijo, cuál es el equilibrio entre límites y flexibilidad. Y este «autorizarse» tiene mucho que ver con el deseo ser padres. Seguramente, las personas que tienen un deseo muy intenso de ser padres se autorizan a serlo con más facilidad.

## Ser buenos padres es muy pero que muy difícil

Pero que nadie se alarme innecesariamente. La mayoría de los padres hacen bien su trabajo, porque lo hacen con mucho amor, y eso compensa, muchas veces, los posibles errores que se pueden cometer. Además, es absolutamente normal cometer errores al criar a los hijos. Si usted se está planteando comprar este libro, ya lo ha comprado o se lo han regalado y se ha decidido a leerlo, está demostrando que desea ser el mejor padre o la mejor madre posible para sus hijos. Por tanto, seguramente todo lo que está haciendo usted como padre o como madre lo está haciendo con mucho amor. Es consciente de que la infancia es un periodo crucial en la vida de una persona y quiere contribuir a que la de su hijo sea más que buena. Pero no quiero transmitir la idea de que para ejercer la paternidad haya que tener un doctorado en Harvard. Si los padres tienen una salud mental aceptable, la mayoría de las cosas que hacen como tales les salen bien espontáneamente. Aunque, obviamente, haya aspectos que se puedan mejorar.

Y tampoco quiero decir que el cien por cien de la personalidad de los niños y los futuros adultos depende de cómo los cuidaron sus padres durante la infancia. Hay otras figuras de referencia, como tíos o abuelos, y en la vida, como todos sabemos, pasan muchas cosas que moldean nuestra forma de ser.

## «¡Vaya estoy diciendo lo mismo que me decía mi padre a mí!»

Quizá a usted le ha pasado una cosa que les sucede a muchos padres. Se ha sorprendido a sí mismo pensando: «Anda, esto que acabo de decirle a mi hijo es lo mismo que me decía mi padre.» O, quizá, ha vivido el otro extremo: «Voy a hacer todo lo contrario que hacía mi padre.» Es interesante esto de la paternidad... Le remueve a uno cosas que llevaban dormidas mucho tiempo. Tener un hijo nos transporta inmediatamente a nuestra infancia, aunque sea a nivel inconsciente. Los deseos, las ilusiones, los fantasmas y los miedos que se despiertan cuando una persona va a dar el paso de tener un hijo tienen mucho que ver con lo que se vivió de niño.

Algunos padres quieren llevar la contraria a sus progenitores al educar a sus hijos: «Como mi madre era una mojigata, yo voy a ser permisiva con mis hijos», «Como mi padre me obligaba a que comiera todo lo que había en el plato, yo dejaré que mi hijo coma lo que le apetezca», «Como mi madre me abrigaba mucho, yo no seré la histérica que está siempre poniéndole tres jerséis al niño». Como es obvio, no se puede educar a los hijos para *vengarse* de los propios padres.

El problema es que muchos padres no saben muy bien qué deben hacer con sus hijos. Por eso, por ejemplo, hacen lo que hacían sus padres o lo contrario de lo que hacían sus padres. Pero hay que reflexionar con cierta continuidad sobre lo que implica este viaje tan interesante que es la paternidad. Es un viaje precioso en el que esperan discusiones, conflictos, dudas, situaciones inesperadas... Consiste en tomar decisiones por uno mismo, al margen, muchas veces, de lo que hacían los propios padres.

## ¿Cómo trabaja un psicoanalista con niños?

Por cierto, he prometido al inicio de esta introducción que explicaría la razón de que lleve un apellido que seguramente usted conozca. A los psicoanalistas no nos gusta hablar de nosotros mismos. Incluso puede no ser útil para el funcionamiento de una terapia. Los pacientes no tienen por qué saber si tengo hijos o nietos o cómo es mi vida personal. Esto que puede parecer tan antipático favorece la posibilidad de que quienes nos consultan no tengan ideas prefijadas sobre nosotros.

En mi caso, tengo un apellido bastante conocido. Mi bisabuelo materno era primo hermano de Sigmund Freud, el padre del psicoanálisis. Y Sigmund Freud es, simbólicamente, el padre de todos los psicoanalistas, así que no me siento más cercano a él que otros psicoanalistas por el hecho de ser pariente lejano suyo. Me honra serlo, pero es algo que no me convierte en mejor o peor psicoanalista. Puede ser llamativo llevar este apellido y me parece comprensible que despierte la curiosidad de muchas personas. También es fuente de algunas anécdotas. Una tarde llegó a mi consulta una madre con su hija y me explicó, entre risas, lo que le acababa de pasar en el autobús. La niña, de unos diez años, era una paciente muy simpática, muy lista y habladora. Y no le gustaba llegar tarde. Esa tarde perdieron el autobús y tuvieron que esperar al siguiente. La niña temía llegar tarde y, de vez en cuando, le decía a su madre: «Mamá, ¿tú crees que llegaremos tarde a la consulta del doctor Freud?» Luego, la madre me explicó que algunos pasajeros la miraban con cara de incredulidad.

Ahora me gustaría explicar cómo trabaja un psicoanalista con niños. Hay quien dice que los psicoanalistas somos personas que decimos cosas muy interesantes que nadie entiende. Bueno, voy a intentar explicar en qué consiste mi trabajo de una forma que se entienda. ¿Cuál es el objetivo de un psicoanálisis, tanto en niños como en adultos? Trabajar en los conflictos que crean síntomas en la persona. Por ejemplo, si un niño de ocho años empieza a orinarse por la noche cuando hacía años que controlaba sus esfínteres, un psicoanalista no le dice directamente al niño que tiene que controlarse. Es de sentido común que no funcionaría. Lo que hacemos los psicoanalistas es intentar encontrar el conflicto, el motivo de que vuelva a orinarse en la cama. Quizá el conflicto es que tiene miedo de que sus padres se separen porque discuten mucho.

Así que lo que hacemos los psicoanalistas es escuchar a los pacientes. Con los adultos, esa escucha se realiza fundamentalmente a través de sus palabras. Muchas personas, cuando oyen hablar del psicoanálisis, quizá se imaginen sesiones como las que retrata Woody Allen en sus películas: una persona tumbada en un diván hablando atropelladamente de sus neuras. Es cierto que, en el psicoanálisis de adultos, el paciente suele estar tumbado en un diván. Pero no por un capricho del psicoanalista, sino porque, entre otros motivos, el paciente está más relajado y no está pendiente de la mirada del psicoanalista. Digamos que de esta forma puede dejarse llevar a la hora de hablar de sus problemas.

En cambio, el psicoanálisis con niños no funciona así. También escuchamos a los niños. Pero, claro, sobre todo con los niños más pequeños, las palabras a veces se quedan cortas. Tengo pacientes de todas las edades, desde el año o año y medio de edad (el paciente de más edad que he atendido rondaba los 104 años). Y con los niños hay dos herramientas muy útiles para *escucharlos*: el juego y el dibujo.

Cuando se psicoanaliza a un niño, se le ofrece una caja de juegos con cuyos contenidos se le da posibilidad de que haga lo que quiera, o se le dan unas hojas blancas y unos colores para que dibuje lo que desee. Del mismo modo que se le dice al paciente adulto que diga lo que se le pase por la cabeza. Casi todos los niños se ponen a jugar o dibujar rápidamente. Si no es así, si un niño no puede jugar o dibujar, ya sabemos que algo pasa. Quizá está deprimido. Pero la mayoría de los niños, aunque estén deprimidos, intentan jugar o dibujar.

Lo que hace un niño cuando juega o dibuja en la sesión de análisis es uno de los puntos fundamentales del psicoanálisis con niños. A través de estas actividades, el niño proyecta sus ansiedades más primarias, y los psicoanalistas podemos entender qué le está pasando. Por ejemplo, hay niños que tienen miedo a separarse de sus padres cuando tienen que ir al colegio. Es muy típico que cojan unos muñequitos y no quieran que éstos se separen. Y si yo le digo al niño: «¿Por qué no dejas que este muñequito se vaya a su casita y que los otros dos se vayan al cine?», suele pasar que el niño se pone nervioso y no deja que los muñequitos se separen. O si un niño, siempre que se le pide que dibuje a su familia, no incluye a su hermanito, podemos sospechar que tiene celos de él.

Jugar y dibujar son dos actividades que los niños se toman muy en serio. Los niños expresan lo que les sucede jugando y dibujando, y los psicoanalistas les apoyamos en ese proceso en el que ellos, sin darse cuenta, nos explican sus conflictos. Además, jugar y dibujar es terapéutico. Con los niños que sienten angustia cuando deben separarse de sus padres, puedo jugar a que los muñequitos se separen. «Ves, ahora éste se va a ir a jugar al fútbol, y su papá se va a la oficina. Pero no pasa nada, porque papá quiere mucho a su hijito y luego se van a encontrar.» Y el niño puede empezar a aceptar que es normal que los muñequitos se separen y que no hace falta angustiarse.

Para los niños, lo que pasa en los juegos y los dibujos está a medio camino entre la realidad y la fantasía. Está en lo que los psicoanalistas llamamos el «espacio transicional». La clave de las sesiones es crear ese espacio, para que el niño proyecte su mundo interior y para que podamos hablar de sus conflictos aunque no hablemos directamente de ellos. De este modo, el niño consigue resolver sus conflictos en ese escenario. Los metaboliza y los transforma. Gracias a la terapia, el niño que se orina en la cama acepta que tiene que separarse de sus padres cuando va al colegio o cuando éstos quieren ir al cine. De este modo, el conflicto deja de serlo, pues el niño no tendrá tanta angustia y, por tanto, no se hará pipí en la cama.

En la caja de juegos de mi consulta tengo muñequitos, tierra para modelar, cochecitos, plastilina..., objetos que ayudan a los niños a jugar. Cada niño creará su propio mundo. Creo que es importante señalar que los dibujos y los juegos se deben interpretar en el marco de una terapia. Si un niño, en casa, dibuja a su padre con una pistola y sonriendo con malicia, no quiere decir necesariamente que sienta que su padre es agresivo. Quizá ha visto una película en la que el héroe iba armado y sonreía de esa forma, y, como para él su padre es el hombre más poderoso del mundo, ha mezclado a su padre con el personaje. Y no hay que darle más importancia.

Por cierto, mucha gente cree que el psicoanálisis es una terapia larga. En los adultos, esa terapia puede ser larga. Puede durar años. Aunque algunos adultos están unos meses, hasta que resuelven sus conflictos más acuciantes, y ya está. Pero en los niños las terapias suelen ser más cortas. En todo caso, lo importante no es el tiempo, sino la salud del paciente. Y, en algunos niños, la terapia puede ser larga. En la sociedad de las prisas y el *fast food* parece que también se quieren terapias cortas, pero a veces una terapia requiere revisar muchos conflictos. Y entonces necesitará más tiempo.

Aunque trabajar como psicoanalista con niños también exige trabajar, y mucho, con los padres. En ocasiones, si veo que el problema lo tienen los padres, no trabajo con el niño, aunque éste tenga síntomas. Si los padres discuten mucho delante del hijo, y éste está angustiado por ello, esta angustia desaparecerá si consigo que los padres lleguen a la conclusión de que no pueden gritar con el niño delante. En todo caso, siempre me entrevisto con los padres, porque necesito saber qué lugar ocupa el niño en la familia. Si fue un niño deseado, si el padre le reprocha a la madre que lo malcría, si la madre le reprocha al padre que trabaja demasiado... Y, para que estas entrevistas funcionen, es mejor que no esté el niño. Luego, ya trataré al niño a solas si es necesario, algo que ocurre en la mayoría de los casos.

Una vez que han quedado más o menos claros cuáles son los conflictos que generan síntomas en el niño, vuelvo a hablar con los padres. Como ya he dicho, no se trata de hacerles ver a los padres lo que deben hacer. Lo importante es dialogar para que lleguen por ellos mismos a las conclusiones adecuadas. Si los psicoanalistas les decimos lo que tienen que hacer, seguramente no lo harán, porque a casi nadie le gusta recibir órdenes y menos en lo que toca a la educación de los hijos. O, simplemente, harán caso al terapeuta pero sin estar muy convencidos de lo que están haciendo.

## Este libro no es un libro de recetas

Por eso, este libro no puede ser un recetario en el que les diga a los padres lo que deben hacer para que sus hijos se críen bien y que usted, como padre, esté obligado a seguir. En primer lugar, porque no hay una única respuesta para todos los niños, aunque puedan sufrir el mismo problema. Cada niño es único. Evidentemente, en las siguientes páginas doy consejos y recomendaciones que considero que son básicos y que contribuyen a que los niños vivan una infancia lo más sana posible. Por ejemplo, creo que no es bueno que un niño vea la tele (¡y mucho menos el telediario!) mientras come, que un niño de más de dos meses duerma en la misma habitación que sus padres, que los padres no pongan límites a sus hijos o que un niño tenga un perfil en Facebook. Y explico los motivos de estos consejos que, por decirlo de alguna manera, son fundamentales.

Pero el ser humano es inclasificable y la psicoterapia es la ciencia del caso por caso. Hay padres que me preguntan que cómo es posible que sus dos hijos sean tan diferentes, uno tan tranquilo y el otro tan tremendo, si «sólo» se llevan dos años. Y yo les digo que la genética no es tan importante. Quizá, con el primer niño estaban más inseguros como padres o tenían problemas en el trabajo, y con el segundo vivían más tranquilos a esos niveles. Nunca se está en el mismo momento vital, nunca se es el mismo.

Y, en segundo lugar, me gustaría que este libro sirviera para que los padres reflexionaran sobre su paternidad y llegaran a sus propias conclusiones. Hace años, vino a mi consulta una mujer con su hijo. El niño tendría unos seis años y la madre aseguraba que era un martirio intentar que comiera. Jugaba con la comida, se distraía, tiraba comida al suelo Le dejaban ver la televisión mientras comía. Así que le dije a la madre que había que apagar la tele. Así, directamente, porque vi clarísimo que el niño se dispersaba por culpa de la tele. ¿Qué pasó? La madre no volvió. No entendió los motivos de mi consejo. Para ella era normal ver la televisión mientras se come porque lo había hecho toda la vida. Mi error fue decirle lo que tenía que hacer, tal cual. Quizá, si le hubiera invitado a reflexionar, se hubiera dado cuenta de que su hijo se distraía porque la tele lo distraía.

Por eso no quiero que este libro sea un *parental control*. No voy a decirle lo que usted debe hacer. Le diré lo que yo creo que hay que hacer en muchos casos, le propongo mis ideas, intento reflexionar sobre ellas, pero es usted quien está al mando. Puede seguir mis consejos o no. Para mí, este libro tendrá sentido si le ayudo a reflexionar sobre los temas más importantes de la paternidad.

Además, tampoco es únicamente un libro sobre situaciones problemáticas o problemas psicológicos que pueden sufrir los niños. He pensado este libro como un manual en el que se recogen los problemas de la infancia más habituales (como la falta de obediencia de muchos niños), los problemas que más preocupan a los padres (si un niño se vuelve a hacer pipí en la cama, si un niño sufre una enfermedad o si un niño parece deprimido) y las situaciones que, sin ser problemáticas en sí mismas, se pueden complicar si no se tienen en cuenta algunas cosas (como es el caso de los niños superdotados o las familias monoparentales).

Así que le invito a que reflexionemos juntos, me tomo la libertad de darle algunos consejos y, luego, como es lógico, usted tome las decisiones que crea convenientes. Yo considero que un niño no debe pasar más de una hora al día ante el televisor o el ordenador o cualquier pantalla. Si usted, como padre o madre, le permite estar más tiempo, es su decisión. Pero yo le explicaré por qué creo que no es conveniente.

Cuando comienzo un tratamiento con un niño, un adolescente o un adulto, le explico que no viene a mi consulta a buscar recetas ni a recibir consejos. Le explico que vamos a realizar un trabajo de introspección, que consistirá en adentrarnos en los caminos que le llevaron a su situación actual. Muchas veces utilizo la metáfora de un viaje para explicar más gráficamente este trabajo. Explico que vamos a realizar un viaje a las profundidades de su inconsciente. Como todo viaje tendrá momentos más sorprendentes, otros monótonos, algunos dolorosos. En algunos sitios deberemos detenernos más que en otros, y atravesar ciertos tramos resultará más complicado. Pero será un viaje fascinante. Mi escucha estará bien atenta para saber dónde es conveniente detenernos y adónde resultará beneficioso volver para seguir trabajando.

Me gustaría que este libro le hiciera ver la paternidad como un viaje. Mi función, como con mis pacientes, es ser la brújula que le ayude a no perderse. Como suele ocurrir, luego cada uno hace el viaje a su manera. Pero eso es lo maravilloso: no hay ninguna paternidad (ni ningún tratamiento psicoanalítico) que se repita. Cada experiencia es única e imposible de etiquetar como mejor, peor o regular. La función de un terapeuta no es la de juzgar, sino la de escuchar. Una escucha que favorece la reflexión, que abre nuevas puertas al pensamiento y que fomenta el poder hablar sobre lo que nos pasa.

Así que veo más este libro como una brújula que lo ayudará a no perderse, y no como un itinerario cerrado que usted debe seguir. Una brújula que espero que le ayude a encontrar *su* camino en el maravilloso viaje de la paternidad.

# Si mi hijo no me obedece...

Empecemos por el que es, sin duda, uno de los principales motivos de consulta de los padres que acuden al psicólogo clínico o al psicoanalista: niños que no hacen caso a sus padres. Una cosa es que un niño, de vez en cuando, no obedezca a sus padres. Pero el problema se da cuando la desobediencia es la norma. En la actualidad se dice mucho que los niños obedecen menos que los de antes. Llevo unos treinta años trabajando como psicoanalista, y esta tendencia se observa con claridad. Y es algo que me comentan muchos colegas, maestros, pedagogos... Hay varios factores que explican por qué los niños de hoy torean con tanta facilidad a sus padres.

## Los padres y la autoridad

Como ya he apuntado en la introducción, creo que hay muchos padres que no se autorizan a serlo. Se sienten inseguros cuando tienen que ejercer la autoridad. Y criar a los hijos supone, entre otras cosas, ejercer la autoridad muchas veces. Pero la autoridad ha perdido prestigio. No está de moda. Por ejemplo, los maestros ya no tienen autoridad ante los alumnos, porque la sociedad les pierde el respeto. Algunos padres van a protestar al maestro que «se ha atrevido a suspender a mi hijo».

Pero tener la autoridad no quiere decir que uno deba ser autoritario. Y yo creo que ése es el error de muchos padres: creen que son autoritarios, cuando, en realidad, están ejerciendo su legítima y necesaria autoridad. Es normal y sano que los padres ejerzan la autoridad sobre sus hijos. Su responsabilidad es tomar muchas decisiones por ellos: cuándo deben ir a dormir, cuánto rato pueden pasar frente al televisor, qué cosas no pueden hacer cuando están jugando en el parque. Centenares y centenares de situaciones en las que hay que dejarle bien claro al hijo que tiene que obedecer.

Creo que es importante que los padres que se sienten incómodos frustrando a sus hijos cuando ejercen su autoridad reflexionen sobre los motivos de su incomodidad. Muchos padres quieren ser amigos de sus hijos. No quieren ser «como fueron mis padres, que eran muy mandones». Lo oigo mucho en mi consulta: «Usted no sabe cómo era mi padre» o «Usted no sabe lo que era ir a un colegio de curas». A veces, ser padre no es agradable. Es mostrarse duro, firme, negarle a un niño algo que desea. Se le niega por su bien. En la consulta, muchos padres confiesan que son permisivos con sus hijos porque tienen miedo a dejar de ser amados por ellos.

Pero es necesario ponerles límites a los niños. Yo suelo decir que un niño al que se le ponen límites es un niño amado. Y los padres no deben ser amigos de sus hijos. Los padres son los padres. El problema es, como decía, que muchos se sienten incómodos cuando tienen que ponerle un límite claro a su hijo:

«Esto no puedes hacerlo.» no consiguen mantenerse firmes en su posición. Le dicen al niño que no puede jugar a los videojuegos pero, ante la insistencia de éste, claudican: «Bueno, juega un poquito más.» Pero la cadena de mando no se puede negociar. Los padres son quienes tienen el derecho y la obligación de poner límites a sus hijos. Los niños no se van a traumatizar porque se les frustren sus deseos. Todo lo contrario.

Creo que a muchos padres incluso les chirría la palabra «autoridad». Me da la impresión de que, en muchos casos, hay una confusión generacional. Quizá muchos padres no están cómodos, en general, con su rol adulto. La adultez implica asumir una serie de responsabilidades que pueden pesar. Y a muchos adultos les pesan. Por eso se habla tanto hoy en día del síndrome de

Peter Pan, para describir a aquellos adultos que se niegan a crecer, que no quieren asumir responsabilidades.

Pero, si se tienen hijos, hay que ejercer como padres. Aunque hoy en día la sociedad permite alargar la juventud y diferir la entrada en la vida adulta: los hijos se tienen cada vez más tarde, parece que decirle a alguien de 35 años que ya no es joven (la Organización Mundial de la Salud señala que la juventud acaba a los 25 años) es un insulto... ¿Qué ocurre? Que muchos adultos de hoy en día trabajan, tienen hijos... pero no acaban de renunciar a los privilegios de la juventud. Por un lado, está muy bien poder elegir cuándo uno quiere asumir ciertas responsabilidades. Pero no se puede ser padre o madre sin serlo del todo. Creo que es muy necesario asumir que hay que ejercer la autoridad con los hijos. Para ello, como decía, se puede empezar por intentar descubrir qué es lo que incomoda exactamente cuando hay que decirle a un hijo que no puede hacer algo. Y atreverse a entrar definitivamente en el mundo de los adultos para poder ejercer la autoridad de una forma saludable.

## «No puedes hacer esto porque...»

Cuando se le dice a un niño que no puede hacer tal cosa o que debe hacer tal otra, es necesario explicarle las razones: «Tienes que ordenar tu habitación porque es tu responsabilidad» o «No podemos ir a jugar a fútbol porque tienes que hacer los deberes». Tenga la edad que tenga, hay que explicarle las razones con palabras. Claro, con los niños pequeños habrá que emplear recursos físicos, por llamarlos de alguna forma, como quitarles el tenedor si están jugando con él en la mesa o cogerlos si salen corriendo por la calle sin permiso.

Pero las palabras siempre son importantes. Cada padre tendrá que encontrar las adecuadas para sus hijos. Porque cada relación, ya sea de pareja o entre padres o hijos, por ejemplo, tiene su código, sus palabras, su forma de hablar. Y porque hay que introducir a los niños en el mundo de las palabras, que es el mundo en el que vivimos los adultos, para que llegue un momento en el que no sea necesario quitarles el juguete que están a punto de romper. Entonces, un «no» será un «no». También es verdad que hay padres que no acaban de calibrar la edad de su hijo y le sueltan un discurso que su mente de un año y medio no puede procesar. Pero, insisto, las palabras y las argumentaciones son importantes.

Ah, pero los niños, listos ellos, insisten, buscan fallos en las argumentaciones, preguntan... Bueno, se les puede hacer un caso un rato y dar más explicaciones, pero llega un punto en el que es necesario parar y decirle a un hijo que no puede hacer algo, y ya está, sin más discusión. Hay frases que me parecen muy adecuadas para zanjar la típica discusión entre un padre y un hijo, cuando éste se empeña en hacer lo que quiere: «Un "no" es un "no"», «Cuando digo "no" es que "no"», «Que te he dicho que "no", y te lo digo porque soy tu padre»... Aunque, como decía, cada padre tiene que encontrar las palabras que funcionan con su hijo. Muchas veces, los niños tienen que entender que deben hacer caso a sus padres porque son sus padres y tienen la autoridad. Llega un punto en el que no se puede estar razonando en un permanente bucle. Cuando se han explicado bastantes veces las razones de una orden, se puede echar mano de estas frases que demuestran que la autoridad la ejercen los padres.

Ah, por cierto, la gran estrategia para que los niños obedezcan es predicar con el ejemplo y ser consistentes con las órdenes. Hay padres que se enfadan porque su hijo cruza de vez en cuando la calle con el semáforo en rojo. Pero es que ellos también lo hacen cuando tienen prisa y van con el niño.

Tampoco es necesario ejercer la autoridad de una forma seca, áspera y dura. No se trata de convertirse en el poli malo. Es mejor echar mano del cariño y del humor, pero manteniéndose firme en las decisiones que se toman. Es más eficaz y, además, mucho más agradable, creo yo. Algunos padres convierten una orden en un juego, como, por ejemplo, «Vamos a jugar a ordenar la habitación». Personalmente, no me convence. ¿Usted tiene que cumplir con los horarios en su trabajo porque es divertido o porque es su obligación? Pues creo que debería ser igual para los niños: una orden es una orden y un juego es un juego.

## El placer de ser padres

¿Con cuánto placer e ilusión hacen papá y mamá de papá y mamá? Creo que ésta es una pregunta que no estaría mal que se hicieran los padres que tienen problemas para que sus hijos obedezcan. El trabajo de ser padres exige realizar muchísimas tareas cotidianas: vestir al niño o pedirle que se vista, darle de comer o conseguir que coma, los deberes, las horas ante el televisor, las discusiones... Mil y una batallitas diarias para las que hay que estar en forma. Y ayuda mucho realizarlas con placer e ilusión. Porque si predomina la desgana, si predomina el «lo hago porque no tengo más remedio que hacerlo», el niño lo percibe. Y pondrá las mismas ganas en ser hijo que ponen sus padres en ser padres. Por tanto, no hará mucho caso a sus padres, se tomará a ligera sus órdenes e intentará hacer lo que le apetezca.

Por si se lo está preguntando, sí, es absolutamente normal que, de vez en cuando, una madre se sienta tan agobiada que desee irse a pasar el fin de semana con sus amigas y sin sus hijos. Es absolutamente normal que un padre llegue un día a casa tan agobiado que sólo desee ver un partido de fútbol en la tele y tomarse una cerveza. El problema es cuando ese agobio tiñe de forma habitual la relación con los hijos. Quizá el deseo de ser padre o de ser madre no era muy fuerte, y aun así se han tenido hijos. O quizá no se esperaba que la paternidad fuera algo que diera tanto y tanto trabajo. Tener hijos es maravilloso, pero implica realizar sacrificios. Si una persona es perezosa con sus hijos, no creo que pueda esperar que el hijo se entusiasme siguiendo sus consejos y órdenes.

Ningún psicólogo clínico o psicoanalista tiene la varita mágica para convertir el agobio de los padres en ilusión. Pero, si se tienen hijos y hay que hacer tantas tareas con ellos y ejercer la

31

autoridad, parece razonable ponerle ganas. No sólo por el bien de los hijos, sino por el bienestar de los padres.

## Así se respeta la pareja, así obedecen los hijos

Éste es un factor que quizá muchas personas no tienen en cuenta. ¿Usted obedecería a alguien a quien no respeta? Uno de los pilares de la obediencia es que se tenga gran estima y respeto por la persona a la que hay que obedecer. Nos cuesta mucho obedecer a alguien a quien no respetamos. Muchos problemas de obediencia de los hijos hacia sus padres tienen su raíz en problemas de pareja. Hay parejas que se faltan al respeto. Algunas personas tratan con frecuencia a su pareja como si ésta fuera tonta, como si no fuera válida, y la ridiculizan delante de los hijos. Se ve cuando las parejas discuten, cuando uno tiene que hacer algo y el otro le dice que siempre lo hace mal... Si los hijos ven que su padre o su madre no tienen el respeto de su pareja, difícilmente ellos se lo tendrán y, por tanto, difícilmente van a obedecer. Además, es importante que la familia respete a los padres (muchas personas denigran a sus hijos, yernos o nueras). En caso contrario, los niños aprovechan el vacío de poder que genera un padre o una madre sin respeto para intentar hacer lo que quieren.

Hay quien se queja de que su pareja es «como un hijo más». Suele ser una queja más de las mujeres que de los hombres.

«Que si siempre tengo que estar pendiente yo de las cosas que hay que hacer en casa», «que si se pone a hacer algo no lo hace bien», «que si no sabe cómo tratar al niño»... Recuerdo el caso de una pareja que se quejaba de que el niño no obedecía a la madre. Ella decía que el niño se le escapaba por la calle y no le hacía caso o que la hora de comer era una tortura o que... Pero es que el hombre trataba a la mujer delante del hijo como si fuera idiota. Incluso, sin ningún tipo de censura, lo hacía en mi consulta. La mujer no era idiota: tenía un grave problema de falta de autoestima. Y, claro, no conseguía hacerse respetar por su hijo.

Por otro lado, a veces ocurre que una persona está tan estresada por sus problemas que vuelca su frustración en su pareja. Así que la maltrata psicológicamente. Le hace pagar por sus problemas. Y la pareja puede perder su capacidad de hacerse respetar porque es presentada ante los hijos como alguien a quien no se respeta.

Yo recomendaría a muchas parejas que no saben qué hacer para que su hijo obedezca que piensen cómo se tratan mutuamente. Como es lógico, no se trata de estar de acuerdo en todo. Eso es imposible. Pero creo que es muy importante no mostrar desavenencias delante de los hijos en aspectos que tienen que ver con la educación de éstos. Un niño no quiere acabarse las verduras, no para de jugar con la comida... Vamos, que está insoportable. Y el padre, con muy buen criterio, le dice: «Como veo que no quieres comer más, vete a dormir.» El niño se va a la habitación. Y la madre, pobrecito niño, le lleva un yogur.

¿Qué cree usted que sucede? El padre, claro, ha quedado totalmente desacreditado. ¿Cómo esperar que ese niño obedezca a su padre? Aunque la pareja haya tomado una decisión que no guste con respecto a la educación del hijo, es mejor no contradecirla. Y, si hay disparidad de pareceres, se pueden discutir cuando no esté el hijo delante o se puede pactar una señal (como un guiño) para que la pareja sepa que está haciendo algo con lo que no se está de acuerdo.

Otro apunte sobre el tema del respeto a la pareja. Considero que es muy importante rescatar a la pareja. Cuando ésta hace algo mal, cuando se equivoca, hay que contribuir a prestigiarla: «Tu padre es tan buen padre que incluso cuando se le pasa el arroz le queda buenísima la paella.» En mi opinión, se trata de introducir el sentido del humor, de que los hijos vean que sus padres se adoran y se respetan. Sobre todo cuando uno de los padres está pasando una mala época por el motivo que sea. Hay que ayudar a que la mirada del hijo hacia los padres sea de amor y respeto.

Y, del mismo modo que hay que prestigiar a la pareja, hay que prestigiar a abuelos, canguros, tíos..., todas aquellas personas que, en algún momento, tienen que encargarse de los niños. Hay padres que critican a la canguro delante de su hijo porque llega tarde o no ha sabido hacer algo. Luego no pueden esperar que su hijo la obedezca sin rechistar.

## «¿Lo castigo si hace algo mal?»

Uno de los grandes debates en la educación de los niños. Hasta no hace muchos años, los castigos eran algo habitual en las familias y los colegios. Yo no estoy a favor de la dinámica premio-castigo. Muchas veces, los niños desobedecen, y sus padres los castigan: el niño se queda sin cenar, sin ir al cine, sin ver la película... Creo que los castigos no ayudan a que los niños reflexionen sobre lo que han hecho mal. Y lo importante, cuando un niño hace algo mal, es que entienda por qué no debe hacerlo. Si un niño pega a su hermano o suspende porque no quiere hacer los deberes, y los padres le prohíben salir a jugar al fútbol con los amigos, se quedará enganchado a la frustración de no jugar al fútbol. Perderá de vista lo que ha hecho, y sólo pensará en lo que se pierde por culpa del castigo.

¿Qué consejo suelo dar a los padres? Si un niño hace algo mal, se le puede decir: «Vete un rato a tu cuarto a pensar sobre lo que has hecho.» El niño se irá enfadado, pero no estará todo el rato dando vueltas a que le quitan la posibilidad de jugar a fútbol. Tendrá más espacio en su mente para reflexionar sobre lo que ha hecho. Algunos padres dicen a su hijo que se vaya a la habitación porque se ha portado mal, pero luego claudican. Evidentemente, no es un buen negocio. El niño aprenderá, de este modo, que sus malos actos no tienen consecuencias.

Y, por supuesto, es una crueldad decirle que si vuelve a hacer algo mal sus padres lo dejarán de querer. Poner en riesgo el amor que se debe tener a los hijos sólo sirve para crearles angustia.

## «¿Y si pierdo los nervios?»

¿Le ha pasado alguna vez? No se preocupe, éste es uno de los peajes por el que todos los padres pasan de vez en cuando. Los padres quieren mucho a sus hijos, pero, en alguna ocasión, se sienten tan desbordados que pierden los nervios. Entonces, el padre, por ejemplo, le grita al niño y le dice: «¡Ya estoy harto de que te portes mal!» El niño puede quedarse paralizado si su padre pierde los nervios y le grita. No aconsejo perder los nervios, claro. Pero si ocurre de vez en cuando no hay que darle más importancia. Se trata de una demostración de enfado. El niño no se va a traumatizar, y creo que tampoco es malo que aprenda que sus padres también se enfadan. Por tanto, no hay que sentirse culpables por ser humanos y perder los nervios de vez en cuando.

Pero hay que tener cuidado con una reacción que sí es perjudicial para los hijos. Caso típico: el niño de cuatro años que está en el parque y, como todos los niños de vez en cuando, se cae y se hace daño. Entonces, la madre se acerca corriendo y, desbordada por su propia angustia, abronca al hijo. Le dice cosas como que es «tonto» o «torpe». Para mí, está prohibido denigrar a un niño. En este caso, el niño, además, no ha hecho nada malo. Se ha tropezado. Pero incluso cuando un niño hace algo mal no se le puede faltar al respeto llamándole «tonto», «malo» o «torpe». La persona que lo hace está haciendo algo muy grave: socavar su autoestima. Y, por supuesto, debería estar prohibido pegar a un hijo. Es una falta de respeto y, además, no sirve de nada.

Los enfados monumentales de los padres pasan con frecuencia cuando los niños mienten. El niño dice que todo va muy bien en el colegio, y llega una nota del tutor en la que informa de que el niño tiene una conducta poco adecuada. O el niño rompe algo y dice que no ha sido él. O pega a su hermano y no quiere reconocerlo. Son situaciones que exasperan a muchos padres, claro, porque saben con total seguridad que su hijo está mintiendo. Los padres, entonces, se obcecan en que su hijo asuma que está mintiendo. Para algunos padres, es una lucha en la que el niño tiene que salir derrotado. Es bueno decirle al niño que no puede mentir, que tiene que explicar la verdad. Pero hay que evitar perder los nervios si miente. Y, como ya he dicho, tampoco ayuda castigarlo. Conviene hacer que reflexione sobre por qué no puede mentir.

Por otro lado, algunos padres pretenden que sus hijos se comporten de una forma que no está acorde con su edad. Es normal que un niño de tres años corra por el supermercado o se empeñe en que quiere ir a los columpios aunque esté de camino al colegio de la mano de papá. Son situaciones que hay que llevar sin perder los nervios y sin hacer sentir al niño culpable de sus deseos.

## «¿Le doy un premio si hace algo bien?»

Hay padres que premian a sus hijos cuando éstos hacen algo bien. Por ejemplo, les regalan una bicicleta si aprueban todas las asignaturas o si van a las colonias (a los niños que tienen miedo a ir de colonias). No soy muy partidario de los premios, pues creo que un niño tiene que aprobar las asignaturas porque tiene que aprobarlas. Los niños no estudian para obtener regalos o premios. El premio es sacar buenas notas. Creo que ése es el mensaje que deben transmitir los padres: «Tu premio es haber aprobado todo gracias a tu esfuerzo y capacidades.» Si usted le regala un juguete a su hijo por aprobar una asignatura difícil, ¿no cree que puede tapar la importancia del aprobado? Creo que, así, se está restando importancia al aprobar.

Esta dinámica de los premios es mercantilista y engañosa. Se corre el riesgo de acostumbrar a los niños a que hagan las cosas no porque tienen que hacerlas sino porque quieren conseguir su premio. Como decía, el premio de aprobar es el aprobado, el reconocimiento del colegio. Y el premio de superar el miedo a ir de colonias es el placer de disfrutar de éstas.

Le propongo una cosa: piense por unos segundos cuál es el mejor premio que le puede dar a su hijo. Una pista: es gratis. Los padres sí que pueden transmitir a sus hijos su alegría y orgullo porque éstos hayan conseguido un objetivo. En este sentido, un buen premio es felicitar al hijo. Darle un abrazo o un beso y transmitirle que sus padres están orgullosos de él. Felicitarlo de verdad, no porque toca. Sentirse orgulloso y mostrarlo, pero, sobre todo, sentir ese orgullo.

Y, bueno, tampoco pasa nada por comprarle unas chucherías de vez en cuando si hace algo bien. Pero no creo que sea saludable que los niños interioricen que deben o pueden recibir premios cuando hacen lo que tienen que hacer.

## Padres dictadores, una especie en peligro de extinción

Pero todavía los hay. Es verdad que cada vez hay menos padres que son muy autoritarios, que se empeñan en imponer límites de forma agresiva, violenta y sin sentido. Como ya he dicho, muchos padres se quejan de que sus padres fueron unos dictadores. Quizá por eso ellos mismos son excesivamente permisivos. Pero todavía habitan en nuestra sociedad los padres que militarizan la relación con sus hijos; que creen que las muestras de amor son un signo de debilidad; que les prohíben cosas que son de pleno derecho de los niños, como ir a jugar con un vecino; que no les conceden ni un capricho; que tienen absolutamente pautadas y regladas todas las esferas de la vida de su hijo. Aparte de impedir que sus hijos disfruten de la vida, ¿qué consiguen los padres autoritarios? Alimentar en el niño a un policía interior que no le dejará hacer nada, que le hará sentir culpable por sus legítimos deseos.

¿Dónde está la clave?, quizá se pregunte usted. Como ya he apuntado en la introducción, la clave está en el equilibrio. Para ello es necesario conocer a su hijo, para saber si necesita más rigidez o más flexibilidad, para saber cuándo poner un límite claro o cuándo darle un capricho. Ésa es la gracia de ser padres: es un trabajo que exige creatividad.

## «¿Y si nos cuesta mucho que colabore en casa?»

A medida que los niños crecen, tienen que ir colaborando en las tareas de la casa. Un niño de tres años puede hacer pocas cosas. Pero puede encargarse de llevar su plato a la cocina, por ejemplo, o de llevar su ropa al cesto de la ropa sucia. Un niño de seis años ya puede colaborar mucho: puede ayudar a poner la mesa y a recogerla, puede ordenar su habitación, puede hacerse la cama... Y un niño de diez años, además, puede lavar los platos, barrer o bajar a comprar el pan.

Es muy importante que los niños colaboren en las tareas de la casa. ¿Por qué? Pues porque son sus primeras responsabilidades en la vida. Como ya he señalado en la introducción, la vida es un camino de la dependencia total a la independencia total. Hay que obligar a los niños a colaborar en casa, aunque a muchos de ellos no les guste tener que ocuparse de estas tareas. Pero si no se consigue que colaboren desde pequeños, más difícil será que lo hagan cuando sean adolescentes. Si se tienen varios hijos, hay que organizar turnos entre los hermanos para que ninguno de ellos se sienta perjudicado.

Pero hay padres a los que les cuesta que sus hijos colaboren en casa. A veces, el problema es que los niños no obedecen. Otras, el problema es que los padres no tienen paciencia para enseñarles a hacer las cosas. Es más rápido echar uno mismo la ropa al cesto de la ropa sucia que enseñarle al niño y esperar que lo haga. Aunque, en otras ocasiones, el problema se debe a que los padres infantilizan a sus hijos. No quieren que sus hijos asuman responsabilidades porque, en el fondo, desean que sigan siendo sus bebés (algo que se ve, incluso, en algunos niños de 30 años). Pero asumir tareas del hogar le da seguridad al niño. Le brinda confianza en sí mismo. Siente que es capaz de hacer cosas que hacen los mayores.

## «¿Y si no hay forma de que se bañe o se vista solo?»

Los niños deben ir adquiriendo poco a poco la autonomía de cuidarse. Es muy importante la manera en que se hace la transición entre la época en que papá y mamá se encargan de bañar o vestir al niño y la época en que éste ya lo hará solo. En esa transición, que es un proceso gradual, los padres tienen que estar cerca del niño para ver cómo se enjabona o se aclara o cómo se ata los cordones de los zapatos. El niño necesitará ayuda con frecuencia. La idea sería dejar que el niño vaya haciendo solo todo aquello que se vea capaz de hacer solo, y que los padres intervengan únicamente cuando es necesario.

Muchas veces se generan conflictos en el momento del baño o de vestirse porque los padres han sido excesivamente infantilizadores. Han bañado o vestido al niño durante demasiado tiempo, y al niño le cuesta acostumbrarse a hacer estas tareas por sí mismo. O, en cambio, son muy impacientes, y en esa época de transición, en la que tienen que ayudar al niño con amor y paciencia, lo hacen con impaciencia e irritabilidad. Recuerdo el caso de un padre que se ponía muy nervioso porque a su hijo le costaba mucho ponerse los calcetines por la mañana, cuando tenía que ir al colegio. Se levantaban con el tiempo muy justo, y el padre perdía los nervios. Hasta que decidió que él se encargaría de ponerle los calcetines y que en las vacaciones de verano, con más tiempo, le enseñaría a hacerlo solo. Mejoró el humor del padre por las mañanas, y el hijo aprendió a ponerse los calcetines. Si los padres consiguen que sus hijos vean como algo agradable y divertido el momento del baño o de vestirse, tendrán mucho ganado.

## ¿Por qué son tan importantes los límites?

Porque los límites son absolutamente fundamentales para el buen desarrollo psicológico del niño. Sin límites, sin muros, los niños se caen, psicológicamente hablando. Sin límites, su psique se desborda. En los cuentos infantiles encontramos claves muy interesantes para entender el mundo de la infancia. Peter Pan era un niño huérfano que no tenía ninguna referencia adulta que le pusiera límites. Quería vivir siempre como niño. Quería hacer siempre lo que le viniera en gana. Y ¿qué le pasó? Que se perdió en el País de Nunca Jamás. He seguido aprendiendo mucho de los cuentos infantiles, y por ello en esta edición dedico un capítulo a pensar en ellos. Pero volvamos a los niños perdidos, los de la vida real.

No quiero sonar catastrofista, pero hay muchos niños que andan perdidos porque sus padres no les ponen los límites necesarios. Los niños necesitan horarios y rutinas, que les digan qué deben hacer y qué no deben hacer... Los límites se empiezan a poner cuando se desteta al niño, cuando se le pide que haga pipí en un orinal, cuando se les enseña que no puede conseguir todo lo que quiere... Frustraciones muy pero que muy saludables. Los psicoanalistas decimos que la infancia es pura pulsión. Las pulsiones son impulsos. Tenemos pulsiones cuando el cuerpo nos pide algo: comer, descansar, descargar nuestra agresividad... Es un concepto que abarca lo psicológico y lo físico. Pues bien, los niños viven en el reino de las pulsiones, del deseo, del quiero esto y lo quiero ahora. Sobre todo los niños pequeños. Decirle que «no» a un niño es una forma de ordenar y reprimir sus pulsiones. De que no viva siempre bajo el dominio de las pulsiones: es decir, en el propio deseo, como quería vivir Peter Pan. Ponerle límites a un niño es fundamental para que se forme su Yo. Digamos que el Yo (la parte de nuestra psique que tiene el difícil papel de gestionar nuestros deseos y lo que nos impone la realidad) se forma gracias a que los adultos limitan los deseos y las pulsiones del niño. Si esos límites se ponen de forma coherente y sin autoritarismos, probablemente el niño tendrá un Yo en buena forma.

# Las rabietas de los niños

Pues, básicamente, toca armarse de paciencia y mantener la calma. Las rabietas son un fenómeno habitual en la infancia, aunque, como es lógico, a los padres les pongan los nervios de punta. No es fácil ver a un hijo berrear y patalear en el supermercado porque quiere unos caramelos, en casa porque no quiere irse a dormir o en el parque porque se le ha metido en la cabeza que quiere seguir columpiándose.

## ¿Por qué los niños tienen rabietas?

Las rabietas son una de las primeras grandes expresiones de autonomía de los niños. Aparecen cuando éstos empiezan a caminar y son más o menos habituales hasta los tres años de edad. A esas edades, los niños ven el mundo desde su propia óptica. Quieren algo y lo quieren ahora. Quieren algo, y si se les niega se desata la rabieta. Y podríamos considerar que las rabietas son la versión mejorada de los llantos de los bebés, pues incluyen patadas y manotazos contra lo que el niño encuentre cerca de él, llamativas contorsiones en el suelo, alguna que otra expresión de rabia dirigida hacia los padres.

Además, las rabietas se vuelven más frecuentes cuando los niños entran en la guardería y van a los parques. Ven que otros niños tienen rabietas y empiezan a imitarlos. Para muchos padres, las rabietas más frustrantes son las que se producen en lugares públicos. Algunos me explican que, cuando su hijo tiene una de sus rabietas en un lugar público, se ponen nerviosos porque se sienten juzgados por la gente que los mira. En su fuero interior, sienten que los demás les juzgan como malos padres por no saber controlar a sus hijos.

Se consulta mucho a los psicólogos clínicos y a los psicoanalistas por el tema de las rabietas. Si un niño tiene rabietas con mucha frecuencia, es decir, casi siempre que se le niega algo, seguramente se debe a que los padres no han sabido o podido ponerle los límites adecuados. No han logrado que el niño interiorice que tiene que aceptar que no siempre puede conseguir lo que desea.

## ¿Cuál sería la táctica adecuada para manejar una rabieta?

Si su hijo tiene una rabieta, y usted intenta convencerle de que deje de llorar, ¿qué suele pasar? Efectivamente, no acostumbra a funcionar. ¿Alguna vez ha intentado pasar de la rabieta de su hijo? Entonces, ¿qué ha ocurrido? Antes o después, el niño suele cesar la rabieta por agotamiento.

¿Cuál es la táctica que considero más eficaz contra las rabietas? Ignorar, acoger y reprender. En primer lugar, ignorar olímpicamente la rabieta, a ver si se le pasa. Cuando un niño tiene una rabieta, grita, se pone rojo, parece que no respira..., no le pasará nada. A no ser, claro, que se dé un golpe o se caiga o cruce la calle sin mirar, por lo que es necesario que los padres estén atentos. Pero no se va a ahogar ni le va a dar un ataque de ningún tipo. Hay padres que parecen empeñados en vencer a su hijo cuando éste tiene una rabieta. Le gritan: «¡Cállate! ¡Deja de llorar o te castigaré!» No suele funcionar, a no ser que el padre o la madre consigan aterrorizar al niño. Cosa, como es lógico, nada aconsejable. Lo ideal sería decirle al niño algo como: «Si te comportas así, no te haré caso. Ahora no podemos ir al parque porque tenemos que ir al cole.» E ignorarlo. Dejar que siga llorando, que patalee, que diga que sus padres son muy malos. Las rabietas acaban pasando, antes o después. Es aconsejable retirarse unos metros, dejar de mirarlo, hacerle ver que no se le hace caso. Pero, sobre todo si se está en un lugar público, no hay que irse porque se puede asustar.

Aunque muchos padres me dicen que, «claro, como no tiene que aguantarlo usted». Eso es cierto, pero, entonces, si los padres optan por darle al hijo lo que quiere, pueden ir preparándose para lo que les espera: un niño que montará una rabieta cada vez que quiera algo. Como ya he señalado en el capítulo anterior, es saludable que los niños se frustren. Si la gran mayoría de las veces que un niño tiene una rabieta, los padres acceden a sus deseos, pierden su lugar como padres. Si un padre decide que su hijo tiene que irse a dormir, pues tiene que irse a dormir. Ya sé que las rabietas son muy difíciles de soportar, pero no hay otra solución.

Algunos padres me dicen que, cuando su hijo tiene una rabieta, pierden los nervios y se les «escapa un cachete». No es práctico, si se quieren evitar las rabietas, y tampoco es justo. No es justo para el niño porque, en realidad, sus rabietas no son intencionadas. Hay que considerarlas como una reacción, como una expresión de su frustración, pero no son teatro, aunque lo parezcan. El niño necesita un adulto que lo contenga. Y creo que la mejor manera de contener a un niño es con palabras y, sobre todo, sin generar más agresividad. El niño necesita que el adulto lo ayude a calmarse. Los límites no se ponen con bofetadas, sino dando ejemplo y ayudando al niño a contenerse. El niño con una rabieta sufre porque no tiene lo que quiere, pero también porque se siente desbordado. Si usted está estresado, ¿necesita un abrazo o un grito? Si el niño recibe agresividad en forma de gritos o bofetadas, se sentirá mucho peor.

Por eso, si no funciona el recurso de ignorarlo, es bueno abrazar al niño, decirle que no pasa nada, que papá o mamá lo quieren mucho. El niño necesita un adulto que lo acoja con amor, que le haga sentir que no le va a pasar nada malo. Además, hay que hablar con él porque, quizá, la rabieta tiene un origen diferente al que se creía. Hay niños que piden caramelos cuando pasan por un quiosco. Y, si los padres no se los compran, montan una rabieta. Y, tras diez minutos, el niño confiesa que «quiero caramelos porque ayer le compraste a Sara», su hermanita. Así que los padres han descubierto que el origen de la rabieta está en los celos hacia la hermana, no en los caramelos. Asimismo, algunos niños tienen rabietas con mucha frecuencia porque tienen otros conflictos. Quizá lo están pasando mal en la guardería o tienen muchos celos de un hermanito, y las rabietas funcionan como una válvula de escape de esa angustia. O quizá el niño está muy cansado o muy hambriento, y por eso quiere caramelos. Y el amor de sus padres lo ayudará a calmarse mucho más que una muestra innecesaria de autoritarismo. Es mejor intentar distraerlo con un juguete o diciéndole que «cuando lleguemos a casa te voy a hacer una merienda muy rica», para que el niño salga de su frustración.

Pero, si no da resultado ni ignorarlo ni acogerlo, quizá no haya más remedio que reprenderlo: «Nos vamos a casa, no puedes seguir comportándote así» o «No te puedes poner así sólo porque quieres ver la tele; vete a tu habitación a pensar un poco». A veces, un grito (sin pasarse, sin violencia, sin aterrorizar al niño) le recuerda a un hijo que sus padres son los que mandan.

## Ser flexibles, de vez en cuando

De todos modos, como ya he comentado en la introducción, no hay una estrategia universal que funcione siempre con todos los niños. A veces hay que ser flexible y satisfacer al niño antes de que empiece con la rabieta. «Venga, un día es un día, te compro unos caramelos para ti y otros para mí.» Los padres suelen conocer las señales de alarma que avisan de que su hijo está a punto de tener una rabieta. Si se cede al capricho del niño de vez en cuando, éste comprenderá que no es necesario que monte espectáculos cada vez que quiere algo. Los niños necesitan unas normas, pero también necesitan sentir que sus padres, en ocasiones, les permiten algún capricho. Y esto no es una muestra de falta de autoridad. Todo lo contrario. Si unos padres ponen límites claros y razonables, pueden darle un capricho a su hijo de vez en cuando porque se han ganado la autoridad para hacerlo.

## Después de la rabieta

Imagine que usted pierde los nervios y le grita a su pareja. Estaba estresado por un problema laboral y su pareja ha pagado los platos rotos por una tontería. ¿Cómo se sentiría? Pues lo mismo les pasa a los niños. Los niños se quedan mal después de la rabieta. Se han sentido desbordados, se han angustiado, lo han pasado muy mal. Por eso, aunque hayan dicho o hecho de todo durante la rabieta, creo que es bueno que los padres transmitan a sus hijos que los quieren. Un abrazo, un beso, una palabra de cariño... ayudan a que el niño sienta que sus padres lo adoran a pesar de que no siempre van a satisfacer todos sus deseos.

## Rabietas en niños mayores

Como ya he señalado, las rabietas son propias de los niños desde que empiezan a caminar hasta los tres años. No se tienen con el objetivo de hacer la vida imposible a los padres. Son una muestra de frustración. Y suelen ir desapareciendo con el paso del tiempo. Pero las rabietas en los niños mayores, aquellos que ya se acercan a la pubertad, son más preocupantes. Si un niño de diez años, por ejemplo, tiene rabietas exorbitadas con frecuencia, algo pasa. Puede tener un pronto si se le niega algo, puede protestar o dar un portazo, pero una rabieta con patadas, gritos, etc., es otra cosa. Es una reacción que ya no toca para la edad que tiene. Si se producen con frecuencia, seguramente se ha roto la cadena de mando. Los niños de esta edad sí que son conscientes de lo que consiguen con sus rabietas y las emplean de forma manipuladora. Saben que descolocan a sus padres. Cuando los padres no tienen la autoridad, los niños intentan hacer lo que quieren empleando rabietas, por ejemplo. Así que, como decía en el capítulo anterior, es necesario poner límites de una forma adecuada. Considero que es especialmente importante no responder con agresividad en las rabietas de los niños mayores. Éstos pueden llegar incluso a pegar a los padres o insultarlos. Y hay padres que, entonces, pegan a sus hijos o también los insultan. Y se genera un peligroso círculo vicioso. Hay un famoso dicho: «Este niño está pidiendo un cachete», cuando un niño se desborda por una rabieta. En realidad, no está pidiendo un cachete, está pidiendo un límite.

Cuando las situaciones se desbordan con frecuencia de esta manera, lo aconsejable es acudir a un psicólogo clínico o un psicoanalista para que ayude a los padres a ponerle límites a su hijo. No hay que dejar que los niños mayores sientan que pueden hacer lo que les dé la gana, porque, en este caso, la adolescencia puede ser realmente complicada. Se convertirán en pequeños dictadores porque habrán aprendido que pueden derrotar a sus padres. Y la relación entre padres e hijos no puede convertirse en una lucha para ver quién manda. Los padres son los que mandan.

# ¿Teta o biberón?

La mejor manera de alimentar a un bebé durante sus primeros meses de vida es dándole el pecho. Y no sólo por motivos nutricionales (la leche materna fortalece el sistema inmunitario del niño, se adapta a las necesidades nutricionales del bebé y siempre está punto). Dar el pecho también es la mejor manera de alimentar psicológicamente al bebé.

Como ya he comentado en la introducción, es muy importante que se produzca una unión casi total entre madre e hijo durante los primeros meses de vida de éste. Esta unión comprende muchos aspectos, y uno de los más importantes es la alimentación. El bebé mira a los ojos de su madre cuando es amamantado. Para el bebé es fundamental que la madre lo mire durante el amamantamiento. Que lo mire y admire un buen rato. Esa mirada con amor es un reconocimiento de su existencia, de que es amado, de que está protegido. Es un momento de comunión total que hace que el niño se sienta reconocido por la persona que es más importante en su vida. La madre lo mira con amor y alegría. Y el niño también mama estas emociones. Al tomar el pecho, el bebé siente el tacto, el sabor y el olor del pecho y de su madre. La unión entre madre e hijo es más intensa que si el niño toma el biberón.

## «¿Y si no puedo darle el pecho?»

Hay mujeres que no pueden dar el pecho a sus hijos por diferentes motivos, como que no les sube la leche o que ésta le sienta mal al niño. Y a algunas mujeres les da reparo. Es evidente que no se puede obligar a una mujer a dar el pecho a su hijo si no lo desea, pero, como ya he señalado, es la mejor manera de alimentar a un bebé y fomentar el vínculo con él.

Si hay que darle el biberón, se puede hacer de una forma que sea similar al amamantamiento. No es traumático que un bebé tome el biberón en lugar de tomar el pecho, pero es importante hacerlo de la forma adecuada. Por ejemplo, empleando biberones que permitan que el niño se tome su tiempo para comer. Algunos biberones son auténticas mangueras surtidoras. El bebé se toma el biberón en tres minutos y se queda tan satisfecho y lleno que no se puede casi ni mover. Y los padres encantados porque su hijo traga de maravilla. Pero ya he dicho que comer no sólo es importante desde el punto de vista nutricional. Es importante para formar el vínculo. Por eso hay que tomarse un tiempo adecuado, como mínimo diez minutos, para que el bebé coma con calma y la madre lo mire a los ojos, le diga que lo quiere mucho, lo acaricie...

Además, es preferible que la madre no esté viendo la televisión o hablando por el teléfono móvil. El mejor ambiente para dar de mamar a un niño es la tranquilidad. Ese momento es para ella y su hijo. Y es bueno que la madre dé el biberón sin camiseta para que el niño sienta el contacto con su piel. Se trata de reproducir, en la medida de lo posible, las mismas condiciones del amamantamiento. Por eso es aconsejable que la cabecita del niño esté cerca del corazón de ella, para que pueda sentir sus latidos.

Hablo de la madre porque creo que es importante que sea ella (o quien suela realizar la función materna, como ya he explicado en la introducción) quien, la mayoría de las veces, dé el biberón al niño. Por lo menos durante el primer mes de vida.

Pasado el primer mes o mes y medio de vida, claro que el padre puede darle el biberón. De esta manera, también él puede afianzar mucho mejor su vínculo. Y los consejos que acabo de comentar también sirven para él. Pero tampoco me parece adecuado que muchas personas le den el biberón al niño. Creo que es un factor de estrés innecesario para él. Eso de que las visitas le den el biberón a un bebé nunca me ha parecido muy saludable. Si alguien quiere participar de ese momento, se puede sentar al lado de la madre y ver cómo ésta da el biberón a su niño. Por otro lado, puede haber un problema cuando los niños toman pecho y biberón. Si se acostumbran a la facilidad con la que sale la leche del biberón, pueden ser muy perezosos luego para el pecho. Muchos niños lo rechazan. En estos casos, por tanto, será especialmente importante que el biberón no sea un surtidor y que el niño tarde en alimentarse.

## «¿A demanda o cada tres horas?»

Éste es uno de los grandes debates en el campo de la pediatría y la psicología infantil. Durante las primeras semanas de vida del bebé, es necesario que la alimentación sea a demanda para que se produzca leche. A demanda significa darle de comer al niño cuando llore por hambre (aquí entra la sensibilidad de la madre para decodificar cuándo su hijo llora por hambre o por otro motivo). En las primeras semanas, el niño tiene que practicar cómo succionar el pezón. Madre e hijo tienen que conocerse. El niño succiona, siente que no sale nada, se enfada, llora... Hay que ir ajustando el proceso.

Pero, una vez que la leche sale sin problemas y el niño succiona bien, ¿qué cree usted que es mejor: dar a demanda o pautar las tomas? Yo creo que es mejor pautar las tomas. Sé que muchas personas no comparten este criterio, pero voy a explicar por qué me parece el más adecuado. A partir del momento en el que la leche sale bien y el niño ya domina la técnica (al mes y medio o los dos meses, aunque depende del niño), sería recomendable ir espaciando las tomas para que el bebé se vaya acomodando a la vida de la madre y no al revés. Éste es el primer gran límite que se pone a los niños. El bebé estará bien alimentado. Y le vendrá bien empezar a acostumbrarse a que no puede comer siempre que quiera. Además, los padres podrán dormir más por las noches si logran que su hijo no tenga que comer de madrugada.

Hay padres que me dicen que esto no es lo natural, que lo natural es darle de comer al niño siempre que quiera. Muy bien, ¿y hasta cuándo?, ¿hasta que tenga tres años, diez, veinticuatro? Si, entre toma y toma, el niño pide comer, es mejor alimentarlo con palabras, darle un masajito, calmarlo, decirle que todavía tiene que esperar un poquito.

Soy consciente de que muchos pediatras defienden dar el pecho o el biberón a demanda. No quiero decir que yo esté en posesión de la verdad absoluta. Lo que digo lo digo en función de mi experiencia, de lo que yo veo en los niños a los que se les da de comer cuando les apetece hasta que tienen uno, dos o tres años. Los padres tienen la angustia de que su hijo de tres meses «es muy pequeñito para espaciarle las tomas». Pero la comida no sólo tiene la función de alimentar, también es un hábito que introduce a los niños en la vida. Si se deja a discreción de los niños decidir cuándo tienen que comer, luego no hay que extrañarse de que sean muy exigentes. De que quieran una magdalena y la quieran «ya».

Tampoco quiero decir que haya que estar pendiente del reloj para darle de comer al niño cada tres horas exactamente. A veces está bien acortar la toma si los padres ven que el niño tiene hambre porque en la anterior toma ha comido un poquito menos. Lo que intento transmitir es que es importante, desde mi punto de vista, acostumbrar a los niños a que deben aprender a esperar y seguir unas pautas. Es lo que les esperará el resto de su vida.

## Y llega el destete

Si el niño toma el pecho, llegará un momento en que tendrá que dejarlo. Es otro gran límite en su vida. Es saludable destetarlo entre los seis y los nueve meses de vida. En esa época, se introduce otro tipo de alimentación, así que el niño no dependerá únicamente de la leche materna. Algunas madres me dicen que no, que es muy pronto. Por supuesto, la decisión es de ellas. Pero me gustaría preguntarles una cosa: ¿quieren seguir dando el pecho por el beneficio de su hijo o porque no quieren perder el privilegio de dar el pecho? Claro que esa unión que se siente al dar el pecho es maravillosa. Pero, según mi punto de vista y el de muchos especialistas, hay que dejar de darlo, aproximadamente, entre los seis y los nueve meses. Aunque el momento debe decidirlo la madre. Cuando sienta que es el momento del niño y que ella será fuerte para no ceder al deseo de éste de tener más teta. No pasa nada porque un niño de nueve meses tome el pecho, pero no creo que sea saludable que lo tome un niño de un año.

## «Es que le ayuda a tranquilizarse»

Recuerdo el caso de una madre que se quejaba de que su hijo de cinco años era muy movido, no paraba quieto, no obedecía, se dispersaba. Estábamos en mi consulta, y el niño empezó a toquetear algo. Nada extraño en un niño de esa edad. La madre se empezó a poner nerviosa, le decía al niño que parara, y éste, ahora sí, se puso nervioso. Entonces, empezó a decir que tenía hambre y que se quería ir. Que tenía hambre «ahora» y que quería comer «ya». Así que la madre se sacó un pecho y le dio de comer al niño. Ese niño estaba aprendiendo, de ese modo, que podía tener lo que quisiera cuando quisiera. ¿Qué pueden hacer los profesores de ese niño si de repente le entra hambre en clase? Por eso señalo que es importante que los niños tengan unas pautas para comer.

Por otro lado, hay madres que le dan un poco de leche materna a su hijo de dos o tres años, por la noche, «para que duerma más tranquilo». No quiero sonar impertinente, pero ¿cuántas cosas hacen los padres para la presunta tranquilidad de sus hijos, pero, en realidad, las hacen por su propia tranquilidad?

«Que el niño no vaya de colonias porque está un poco resfriado», «Que no corra mucho porque se puede caer» (si no corre y se cae de vez en cuando, ¿cómo aprenderá a no caerse?), «Le hago

51

los deberes porque, pobrecito, si no le suspenderán»... Volviendo a lo de dar el pecho por la noche como una especie de somnífero. Esa tranquilidad también se la pueden dar los padres con palabras. Si al niño le cuesta dormir, los padres pueden leerle un cuento. Pero no es saludable que un niño se acostumbre a calmar su angustia con comida.

## «Me siento culpable por no querer darle el pecho»

Hay madres que no quieren dar el pecho a sus hijos. Y no porque no les suba la leche o ésta le siente mal al niño. A algunas mujeres les incomoda que su hijo succione su teta o no tienen paciencia para dar el pecho. Ninguna madre va a reconocer los rechazos que le genera la maternidad. No creo que haya que sentirse culpable, porque la maternidad no es un camino sencillo: el cuerpo sufre muchos cambios durante el embarazo y el parto, las noches sin dormir son agotadoras, queda muy poco tiempo libre para otras cosas que no sean estar con el niño... Hay madres que piensan muchas cosas que nunca le dirían a nadie. A excepción, quizá, de su psicólogo clínico o psicoanalista. Es normal que haya aspectos de la maternidad que fastidien. Que haya un poquito de rechazo. Según mi experiencia, es mejor aceptar que es un fastidio tener que dar el pecho si la madre lo vive como tal que reprimirlo. Si se reprime, se dará el pecho a desgana o se volcará la irritabilidad de otra forma. Sólo si se aceptan los sentimientos encontrados que genera el ser padres se puede amar de verdad a los hijos.

## El chupete: la sala de espera de los niños

Ay, el chupete. Casi el símbolo de la infancia. ¿Por qué es tan importante el chupete para muchos niños? Porque es un sustituto del pecho. Digamos que es la sala de espera de los niños. Cuando los niños quieren teta, ya sea porque tienen hambre o angustia o el motivo que sea, el chupete les ayuda a esperar. Succionar el chupete es un sucedáneo del pecho materno o del biberón. ¿Por qué es bueno? Porque les enseña algo que va a ser fundamental durante toda su vida: les enseña a esperar. Cuando le ponemos el chupete a un niño que berrea porque tiene hambre, le estamos diciendo: «Todavía no puedes comer, pero te pongo el chupete para que te calmes mientras esperas.»

El chupete es un amigo inseparable de muchos bebés, sobre todo durante los primeros meses de vida, porque en esa época están en la fase oral. Éste es un concepto que empleamos los psicoanalistas para señalar que, para los niños que están en esa etapa, es fundamental conocer el mundo a través de la boca. Por eso, los niños pequeños se meten tantas cosas en la boca. Van por la calle y se meten piedras en la boca o chupan servilletas. Es su forma de aprehender el mundo.

De todos modos, no hay que obligar a los niños a que utilicen chupete. Un bebé no es menos bebé porque sienta indiferencia ante los chupetes. Y hay bastantes bebés que no los necesitan. Yo recomiendo, cuando llega un bebé a una familia, tener chupetes en casa para ir probando a ver si le apetecen. Es mucho mejor que el bebé se acostumbre al chupete que a chuparse el pulgar. El pulgar es peligroso porque puede deformar el paladar y porque no se puede tirar. Llegará un momento en que habrá que abandonar el chupete. Si el niño tiene el recurso del pulgar, será mucho más complicado que deje de succionarlo.

El momento de dejar el chupete es uno de los grandes acontecimientos de la vida familiar. Incluso, en Roma hay un puente al que van muchas familias para que los niños dejen sus chupetes atados (creo que el Ayuntamiento los retira de vez en cuando, y queda espacio libre para otros chupes). ¿Cuándo dejar el chupete? Es difícil señalar con precisión edades en estos temas. Depende del niño, de lo *enganchado* que esté al chupete, de su desarrollo... Pero, para hacernos una idea, hay que dejarlo en torno a los dos años de edad (mejor un poco antes de los dos años que un poco después). Y hay que explicarle al niño con palabras que tiene que dejarlo: «Ahora ya no te daremos más el chupete. Ya eres mayor.»

Aunque bastantes padres vienen a la consulta porque su hijo tiene síndrome de abstinencia del chupete. Dicen que no hay forma de que lo deje. ¿Cuál suele ser su error más habitual? Le dicen al niño que tiene que dejar el chupete. Y lo tiran. Hasta aquí todo bien. Pero se guardan un chupete «por si acaso el niño lo pide mucho». Y, cuando los padres ya no pueden más con las protestas del niño, se lo dan «sólo por esta noche». Claro, el niño entiende: «Si lloro con todas mis fuerzas, tendré chupete.» Por cierto, uno de los productos que más venden las farmacias durante la madrugada son los chupetes.

# Sí, comer puede ser divertido

Es la hora de la cena y papá llama a su hijo Lucas, de cuatro años, para que se siente a la mesa. Lucas se hace el remolón, disimula, hace ver que no ha oído a su padre, se encierra en su habitación. Pero, al fin, su padre consigue que se siente y le pone delante un buen plato de espinacas. Y Lucas se desata e inicia su performance particular. Se levanta y sale corriendo. Grita que no quiere comer espinacas y vuelve a encerrarse en su habitación. Tira todos sus juguetes y se niega a hacer caso a su papá.

Muchos padres vienen a mi consulta preocupados porque tienen muchos problemas para que sus hijos coman. Es una de las grandes guerras entre progenitores e hijos. Lo primero que intento transmitirles es que su hijo no va a sufrir desnutrición ni va a tener ningún problema en su desarrollo por el hecho de irse sin cenar a la cama de vez en cuando o no terminarse todas las espinacas del plato. Así que, si un niño no quiere comer, hay que evitar caer en este tipo de angustias. Sobre todo, porque en el caso de Lucas y otros similares, cuando el niño hace el tonto en la mesa, juega excesivamente con la comida y no come o se dedica a molestar a sus hermanos, lo que quiere es llamar la atención. Y si ve que sus padres se preocupan mucho, sentirá que ha ganado la batalla. En este caso, se corre el riesgo de entrar en un círculo vicioso: cuanto más tontee el niño con la comida, más atención tendrá de sus padres y, por tanto, más tonteará. Si un niño se sienta a la mesa, pero, en lugar de comer, se pone a jugar o se levanta para irse al sofá a ver la televisión, no tiene un problema con la comida. Aprovecha la hora de la comida para desestabilizar el equilibrio familiar.

## El hábito hace al niño

La mayoría de las veces, esto se debe a que el niño no ha adquirido unos buenos hábitos en relación con la comida. Hoy día es habitual que los padres estén preparando la cena y el niño pida algo para picar, y que se lo den. O que la familia no pueda cenar sin la compañía de la televisión, a veces con las noticias retransmitiendo el último atentado en Bagdad. O que la familia salga a comer y el niño coma mientras juega a los *Angry Birds* en el teléfono móvil. Recuerdo el caso de un padre que salió de casa con su familia para ir a comer a un restaurante. A medio camino (me refiero a unos 20 o 30 kilómetros de casa), se dio cuenta de que se había dejado el teléfono móvil con el que su hijo jugaba siempre que comían fuera de casa. Así que volvió a casa a por él. Ni se planteaba comer en un restaurante sin que su hijo tuviera su teléfono móvil.

¿Qué les suelo decir a los padres cuyos hijos son unos especialistas del sabotaje a la hora de la comida? Pues que es bueno que el niño adquiera hábitos. Por ejemplo, no darle nada de picar justo antes de comer; intentar comer siempre a la misma hora; dejar el televisor calladito para que la familia pueda hablar; reunirse todos juntos a la mesa, y no comer por turnos; no permitir que el niño se levante, a no ser por causa de fuerza mayor, como ir al servicio... A los seres humanos nos sientan muy bien los hábitos. Ordenan nuestra vida, canalizan nuestros impulsos y necesidades. Y esto es algo que se ve mucho en los niños. Si los padres se mantienen firmes en los hábitos que deben seguir sus hijos en el ámbito de la alimentación, éstos comerán cada vez mejor.

## Los pactos de Versalles

Aunque, como todos los padres saben, los niños tienen una capacidad para obstinarse única. Y la capacidad de resistencia de los progenitores no siempre es lo suficientemente fuerte. Cuando un niño se niega a comerse todo su plato de verduras, por ejemplo, los padres tienen la tentación de llegar a algún tipo de pacto. Uno muy habitual: «Venga, cómete tres cucharaditas más y ya te puedes ir.» En mi opinión, si un niño dice que no quiere comer más, lo aconsejable es decirle: «Muy bien, si no tienes más hambre, te quito el plato y ya está.»

Por otro lado, muchas veces se le sirve demasiada comida al niño. Un niño de cuatro o cinco años no puede comer la misma cantidad que un adulto. Y no es infrecuente que los padres sirvan demasiada cantidad, quizá por una especie de angustia de que su hijo no se alimente bien si come poco. Y, en los restaurantes, a los niños se les sirven las mismas cantidades que a los adultos. Creo que, muchas veces, cuando un niño se planta y dice que no quiere comer más es que, realmente, no tiene más hambre. No le entra más. Sobre todo si el plato no es de su devoción. Como decía, un niño de cuatro años come menos que un adulto, así que lo sensato es servirle la comida en platos de postre, por ejemplo. De este modo, probablemente se lo coma todo, estará bien alimentado y, además, no despertará la angustia en sus padres.

¿Alguna vez le ha quitado el plato a su hijo porque éste decía que no quería más y le ha dicho que no le daba otra cosa para comer? ¿Se ha mantenido firme en su decisión? Si se le quita un plato a un niño porque dice que no quiere más, no hay que caer, una hora más tarde, en el chantaje de que tiene hambre y quiere unas galletas y un poco de leche antes de irse a la cama. Es importante que los padres enseñen al niño que cumplen su palabra. En este caso, por tanto, no hay que darle luego algo de comer, pues el niño aprenderá que las promesas de sus padres no son muy fiables.

## «¡Cómetelo, soy tu padre!»

Tan poco aconsejable es negociar como ser autoritario. Hay padres que se empecinan tanto en que sus hijos se coman las espinacas (no tengo nada contra esta verdura; me sirve casi como símbolo de lo que no suele gustar a los niños) que les sacan el mismo plato del día anterior recalentado. «Ayer no las cenaste, aquí las tienes para comer.» Es una buena táctica... pero para lograr definitivamente que ese niño odie las espinacas el resto de su vida.

Tampoco hay que emplear la estrategia de la culpabilidad: «Con la de niños que no pueden comer, y tú no te lo quieres acabar», o de que si no come no crecerá bien o le pasará algo o mamá se enfadará. Aquí el problema será doble: no le gustarán las espinacas y, encima, se sentirá culpable. Y no recomiendo para nada castigar a un niño que no se quiere acabar un plato o prometerle un premio, del tipo: «Si te acabas las espinacas te dejo ver la tele.» no hay que acostumbrarlo a la dinámica del premio y el castigo, como he explicado en el primer capítulo.

## En la variedad está el gusto

¿Comemos sólo para alimentarnos o por el placer de la comida? Vamos a ver, ¿qué comen muchos niños pequeños? Papillitas de bote que saben casi todas igual. Vale que unas saben más a pollo y otras, a pescado. Pero lo que no se puede pretender es darle a un niño de cinco años un plato de guisantes (vamos a dejar tranquilas a las espinacas) y que le gusten... si antes sólo los ha comido mezclados con otras verduras. Esas papillas de bote, y muchas de las que preparan los padres en casa, suelen ser una mezcla de verduras con pollo, ternera o pescado. Pero los niños necesitan acostumbrarse a los sabores. Un día se puede hacer una papilla de calabacín y pescado; otro, darle a un niño de un añito un puñado de guisantes para que se acostumbre a ellos; otro, se hace una crema de zanahorias... Así su paladar se entrena y el niño va distinguiendo qué le gusta y qué no le gusta. Del mismo modo que si se va a un restaurante vale la pena que el niño pruebe otro tipo de comida, ya sea china, japonesa o libanesa.

## Sí, comer puede ser divertido

Es evidente que son los padres quienes deben decidir qué, cómo y cuándo comen sus hijos. Pero también es bueno que de vez en cuando el niño elija qué quiere comer. Los padres no pierden su poder por permitir que su hijo diga que quiere cenar pizza o macarrones. Y el niño disfruta de su autonomía y se da el gusto de comer lo que le pide el cuerpo.

Además, que haya que tener unas rutinas a la hora de comer no quiere decir que comer sea un acto protocolario y aburrido. Si algo nos enseñan los niños es que cualquier acto cotidiano puede ser fascinante y divertido. Pues convirtamos esto en una estrategia para que adquieran hábitos saludables con la comida. Muchas veces, el problema de que los niños no estén muy motivados para comer según qué platos o en según qué situaciones es que se les transmite que comer es un trámite. Un poco de pan y queso, y pa'lante. Creo que es necesario echar mano de valores como los que transmite el *slow food* (algo así como «la comida tranquila»). Es decir, levantarse con tiempo para desayunar y probar varias mermeladas o sentarse a la mesa a comer con calma y hablar de la comida. Hay padres que quieren que sus hijos desayunen por la mañana en tres minutos y medio porque llegan tarde al colegio... Pero los niños necesitan su tiempo. Y buscan el lado lúdico de las actividades, así que se distraen y juegan con la comida. Son niños. Por tanto, es mejor levantarse con más tiempo antes que perder los nervios cada mañana.

Además, a los niños hasta el año y medio, más o menos, se les puede permitir que toquen la comida con las manos un rato. Necesitan tocar las cosas, pero no hay que dejarles que coman todo el rato con las manos. Y si un niño está empezando a manejar los cubiertos, los padres pueden estar a su lado para, también con los cubiertos, ayudarlo a comer mientras intenta acostumbrarse a ellos. Con los niños hasta los cinco años, más o menos, puede ayudar leerles un cuento. Pero no con la idea de despistarlos y pillarlos desprevenidos para que coman la verdura, sino para que el acto de comer sea funcional y divertido. Lo mismo hay que aplicar al socorrido avioncito. Algunos padres intentan despistar a sus hijos haciendo ver que cada cucharada es el vuelo de un avión. No lo aconsejo, ya que es una estratagema de despiste para embuchar la comida al niño, lo que no me parece muy adecuado. Y comer no es un trámite con el que hay que cumplir como sea.

Hay padres que dejan que los niños mayores lean, jueguen con el móvil o vean la televisión mientras comen. No es recomendable, porque se aíslan de la familia. Lo importante es que los niños descubran la comida en compañía de su familia. Por eso, es bueno animarlos a que toquen la comida, a que la huelan, a que la prueben. Hay que decirles: «Prueba esto, verás qué rico está», porque, de este modo, los niños se entusiasman enseguida.

## Obesidad y otros trastornos

He visto cosas muy curiosas en mi trato con los padres. Muchos de ellos quieren que sus hijos, si se quedan a comer en el colegio, se alimenten en él de forma equilibrada. Pero, en cambio, por la mañana, por la noche o durante los fines de semana tiran de soluciones rápidas: repostería industrial, bocadillos de embutido, pizzas precocinadas... Ya sea por pereza o, como se excusan algunos, por falta de tiempo. Entiendo que no se puede preparar un caldo o un guiso muy elaborado todos los días, pero cocinar platos saludables no lleva tanto tiempo. Sí que exige más esfuerzo que cortar embutido y pan o calentar una pizza en el microondas. Pero todos sabemos lo perjudicial que es para los niños alimentarse mal. Y esto sucede incluso en familias pudientes. Suele ser, desde mi punto de vista, un problema de no querer dedicar el tiempo necesario a cocinar y comer.

Otro fenómeno curioso es que muchas familias salen a comer o cenar con frecuencia los fines de semana. Y los niños se empeñan en ir siempre a un restaurante de comida basura o a una pizzería.

Así que tenemos a niños comiendo mal entre semana en casa y comiendo siempre lo mismo, y muchas veces de poca calidad, fuera de ella. Ya que se puede salir a comer o cenar fuera, ¿por qué no introducir a los niños en otros universos culinarios más sanos: comida vegetariana, comida japonesa...? Habrá que ser fuertes para no ceder a las insistentes peticiones del niño que quiere ir al McDonald's cada sábado porque le dan un regalito. Pero hay que pensar que le estamos regalando, aunque el niño no lo sepa, todo un universo de sabores.

Por otro lado, aunque los trastornos alimentarios, como la anorexia o la bulimia, suelen manifestarse en la adolescencia, no surgen de la nada. Si una adolescente de 13 años no quiere comer más que ensaladas y manzanas, ¿qué ha pasado hasta entonces? Estos trastornos son complejos y multifactoriales. Pero creo que es importante señalar dos factores que se dan en la infancia y que pueden predisponer a que los niños sufran trastornos alimentarios en la adolescencia. Uno de ellos es el ejemplo de los padres. ¿Cómo puede pedirle una madre a su hija de nueve años que coma bien si ella sigue un régimen basado en ensaladas, fruta y poco más porque está en plena operación bikini?

¿O cómo puede pedirle un padre a su hijo que coma bien si él come fritos cada día, no se controla con las cantidades y bebe vino con las comidas y no perdona dos cervezas en cada cena? Los niños aprenden más con el ejemplo de sus padres que con lo que les decimos.

Asimismo, en muchos casos, los trastornos alimentarios de la adolescencia están en relación directa con cómo se ha relacionado el niño con la comida en sus primeros años de vida. Hay padres que no tienen paciencia para dar de comer a sus bebés. Quieren que coman deprisa, así que les enchufan biberones que les permiten darles de comer en un par de minutos. O no animan a sus hijos a que descubran el placer de la comida. Enseñan a sus hijos a tragar. O, cada vez que el niño está angustiado o mal, le dan de comer un bollo, chocolate o una chuchería. Enseñan a sus hijos a controlar sus emociones desagradables a través de la comida. No digo que todos los casos de bulimia, por ejemplo, se deban a este factor. Dependerá de cada caso. Pero, en bastantes niños, es un factor importante.

## «Ya como con los mayores»

A partir de los cuatro años, el niño debería comer siempre con los adultos y la misma comida que éstos. Siempre recomiendo que, en la medida de lo posible, la familia coma a la vez sea cual sea la edad del niño. Entiendo que compatibilizar los horarios de comidas de un bebé o de un niño muy pequeño con los de un adulto puede ser complicado, pero a partir de los cuatro años es mucho más sencillo. El niño se sienta a la mesa con los adultos, come con cubiertos y come la misma comida. De este modo, funcionará bien la identificación, el proceso psicológico mediante el cual el niño asimila un aspecto, propiedad o atributo de otra persona. Como he explicado en la introducción, la personalidad se va construyendo a través de las identificaciones que el niño hace, sobre todo con sus padres. Así que, si se quiere que un niño se comporte en la mesa, toca predicar con el ejemplo: platos saludables, nada de televisión, buenas maneras y a disfrutar todos juntos.

# Aprender a dormir solo

Pues es importante que lo haga. Los niños tienen que dormir solos porque es bueno para su desarrollo. Antes de comentar por qué es importante que un niño duerma solo, me gustaría responder a una de las primeras grandes preguntas que se hacen los padres primerizos: «¿Cuándo debe empezar a dormir solo mi hijo?» Cuanto antes mejor. Un buen criterio que suscriben muchos expertos en infancia es que el hijo duerma solo cuando una madre pasa la cuarentena (esos famosos 40 días, más o menos, que necesita para recuperarse del parto tanto física como psicológicamente).

## Y ¿quién lo hace hoy en día?

Es verdad, prácticamente nadie. Muchos padres no saben cuál es mejor momento para que su hijo empiece a dormir solo, porque todo el mundo tiene una opinión sobre el tema. Una abuela dice que el niño tiene que dormir en su habitación a los tres meses, y una tía dice que no, que pobrecito, que cómo va a dormir solo si es tan pequeñito. Y luego está el criterio del pediatra. En todo caso, ¿que han pasado 50 días y la madre aún no está recuperada? Bueno, no pasa nada, cada madre tiene su ritmo. En realidad, no hace falta marcarse un plazo de días completamente exacto.

En mi opinión, el momento en el que el hijo debería dormir en su propia habitación llega cuando los padres vuelven a tener relaciones sexuales. A veces son 40 días, otras veces son 35 días, otras son 60 días... Pero no hay que esperar mucho más. Si, por el motivo que sea, han pasado tres meses desde el parto y los padres todavía no han recuperado su vida sexual, el hijo también debería dormir en una habitación separada. Y, en este caso, los padres deberían preocuparse no por si su hijo puede o debe dormir solo, sino por su vida sexual como pareja.

Cuando unos padres me dicen que su hijo de uno o dos años, por ejemplo, duerme con ellos en la misma habitación, yo intento saber si es que no tienen vida sexual. Porque pueden pasar dos cosas: que no mantengan relaciones sexuales o que las mantengan delante de su hijo, aunque éste duerma. En el primer caso, tenemos un problema de pareja. Para una pareja es muy importante la vida sexual. Así que, aparte de buscar ayuda psicoterapéutica para que su hijo duerma solo, quizá tendrán que hacer terapia de pareja o, como mínimo, plantearse qué les está ocurriendo.

Si lo que ocurre es que hacen el amor con su hijo presente en la habitación, intento hacerles entender que eso no es bueno ni para su vida sexual ni para el niño. Si mantienen relaciones con su hijo en una cunita situada a un metro o dos de ellos, ¿pueden gemir, pueden dejarse llevar, pueden descontrolarse para disfrutar del sexo lo máximo posible? Pues seguramente no. Además, para un niño (aunque sea un bebé de pocos meses y muchas personas crean que no se entera de nada) oír a sus padres manteniendo relaciones sexuales puede ser traumático. No está preparado para los movimientos o los ruidos propios del sexo. Puede ser muy violento. Y, como mínimo, impedirá que el niño duerma bien. En nuestra sociedad, el sexo es algo que se hace en la intimidad. El niño, aunque sea muy pequeñito, no tiene que estar presente.

## ¿Por qué es tan importante que el niño duerma solo?

Vamos a ponernos un poco antropológicos. Hay que criar a los niños para que sean adultos que funcionen lo mejor posible en la sociedad en la que van a crecer. Y nuestra sociedad es individualista. Los niños crecen para convertirse en adultos que tendrán su propio trabajo, su propia casa, su propia vida. Se irán despegando cada vez más de la familia. Por eso, las casas tienen habitaciones para los padres y habitaciones para los hijos. Y por eso los adolescentes necesitan una habitación propia. Vivimos en una sociedad en la que la privacidad y la intimidad son muy importantes. En cambio, hay otras culturas, pueblos o sociedades muy colectivistas, en los que el individuo está mucho más supeditado al grupo. En éstas, las familias duermen todas juntas en una misma sala.

Pero volvamos a nuestra sociedad. ¿Por qué es importante que los niños duerman solos? Porque deben empezar a aprender lo antes posible que sus papás tienen un espacio para ellos, una vida para ellos. Porque poco después, quizá con pocos meses, el niño irá a la guardería, y luego al colegio, y luego a la universidad, y luego vivirá solo... Así que es aconsejable que el niño se empiece a acostumbrar a estar solo.

En nuestra sociedad educamos a los hijos para que sean independientes. Eso no significa que haya que criarlos para que se olviden de su familia. Hay que criarlos para que sepan funcionar de forma autónoma, para que se individualicen de forma correcta. Y esa autonomía se inicia cuando el bebé empieza a acostumbrarse a separarse de los padres al dormir en su propia habitación. Es el momento en el que se encuentra consigo mismo. Empieza a intuir que mamá y papá tienen un espacio privado. Empieza a intuir que sus padres no son una extensión de él, que no está fusionado a ellos.

Dormir solo enseña al niño cuál es su lugar en la casa. Es algo que debe entender poco a poco. Quizá muchas personas piensen que si es tan pequeño no se va a enterar. No es así. Una manera adecuada de empezar a poner los famosos límites (que, como ya he señalado y repetiré varias veces en este libro, son fundamentales para el desarrollo del niño) es logrando que el niño duerma solo. Hay niños de cinco años que todavía duermen con sus padres. ¿Qué cree usted que le pasará a un niño de esta edad, que está a punto de empezar la escolaridad, si duerme en la misma habitación (¡o en la misma cama!) que sus padres? Efectivamente, se crea una dependencia muy fuerte. En muchos casos, son niños que no pueden separarse de sus padres, que no pueden quedarse con un canguro, que lo pasan muy mal cuando tienen que ir al colegio. No se les ha acostumbrado a que estén solos, a que estén consigo mismos, a que no hay que angustiarse por separarse de los padres.

Si usted duerme con su hijo de un año de edad o más, por ejemplo, ¿cuáles son los motivos para hacerlo? Muchas veces, hablando con los padres de sus motivos para dormir con sus hijos, acaba saliendo que duermen con ellos porque les es más cómodo. Cuando el niño quiere comer, la madre está al lado para darle el pecho. Cuando el niño llora por lo que sea, lo tiene al lado para consolarlo. Entiendo que no apetece mucho levantarse a las cuatro de la madrugada para ir a la habitación del niño.

Pero, si hay que despertarse igual, no creo que sea mucho más incómodo ir a la habitación del niño. Y el padre (o la madre, si es él quien se levanta) también se despierta si el niño duerme con ellos en la misma habitación. En cambio, si el niño duerme en otra habitación, sólo hace falta que uno de los padres se despierte del todo.

Y dormir solo es importante porque es la mejor garantía de que se va a descansar bien. Hay muchos niños que duermen mal. Y uno de los principales motivos del insomnio infantil es dormir en la misma habitación o en la misma cama de los padres. Además, dormir con los padres también puede causar problemas en el control de los esfínteres, porque el niño está ocupando un lugar que no le corresponde. El caso más extremo es cuando el hijo se va a dormir al lado de la mamá y el padre pasa a dormir a la habitación del niño o al sofá. El hijo se puede sentir incómodo porque ocupa el lugar del padre. Y, como reacción, se infantiliza, se vuelve más bebé y moja la cama.

## «¿Y si llora y no le oigo?» «¿Y si le pasa algo?», «¿Y si...?»

Cuando uno tiene hijos, el oído, por lo menos en lo que se refiere al llanto de los niños, funciona de maravilla. Muchos padres creen que si su hijo duerme en otra habitación no oirán su llanto en mitad de la noche. Sí que se oye. El instinto se encarga de despertar a los padres. Si esa noche papá y mamá están disfrutando de un sueño especialmente profundo, los pulmones del niño ya se encargarán de despertarlos. Y si uno vive en un gran piso o en una gran casa, hay un invento muy práctico: los walkie-talkies o escuchabebés.

## «Pero no es tan fácil convencerlo de que tiene que dormir solo»

«Fácil» es una palabra que no suele encajar muy bien en la crianza de los hijos. ¿Cómo lograr que un niño duerma solo? Con paciencia y un criterio claro. Ya sea un bebé o un niño más crecidito, hay que llevarlo a la habitación y dejarlo solito. Si protesta, se le explica: «No puedes dormir con nosotros; tú tienes tu habitación» o algo parecido, y se le acompaña a la cama. Si le cuesta dormirse solo, se le lee un cuento, se le canta una nana, se le hace un masajito. No se trata de meterlo en la cama y salir corriendo. Papá o mamá están con él un rato, pero llega un momento en el que hay que decirle que ya es hora de ir a dormir. Hay que hablarle casi susurrando, con la luz apagada o muy tenue. Piense en lo que usted necesita para conciliar el sueño. Eso es: la máxima tranquilidad posible.

Si un bebé se pone a llorar por la noche, uno de los padres se levanta y comprueba si le pasa algo. Quizá se le ha despertado el apetito o hay que cambiarle el pañal. Pues se le da de comer o se le cambia el pañal. Si reclama con su llanto que papá o mamá se queden con él, no pasa nada por estar unos minutos a su lado. Pero nada más. Luego hay que volver a la habitación. Si el niño sigue llorando, se le deja llorando. Si no le molesta nada, se acabará durmiendo.

Cuando el niño ya tiene un añito, la cosa se pone más divertida. Se presentará en mitad de la noche en la habitación de los padres rogando dormir con ellos. Pedirá dormir entre los padres (el niño sándwich), a los pies de éstos (el niño cachorro) o al lado de mamá si sabe que papá no dudará en echarlo de la cama, o viceversa. Entiendo que cuesta negarse a la mirada de cachorrito desamparado de un hijo que suplica acurrucarse con sus papás en la cama. Pero piense qué le aconsejaría a un amigo que le dice que no le puede negar ningún deseo a su hijo. Claro, que muchas veces hay que frustrar los deseos de un niño por su propio bien. Si su hijo se despierta en mitad de la noche y reclama la presencia parental porque no quiere dormir solo, no hace falta levantarse. Desde la habitación o el comedor, se le puede decir: «Sssshhh... Venga, que es hora de dormir.»

Por cierto, como la mayoría de los niños suelen estar más enganchados a la madre, suelo recomendar que el padre se encargue de llevar al niño a dormir solo, sobre todo si éste se muestra reticente. Así será más fácil la separación para todos. En el caso de que el niño se presente con frecuencia sin avisar en la habitación de los padres, aconsejo incluso cerrar con pestillo. Muchos niños irrumpen sin llamar en la habitación de los padres. No es bueno que lo hagan, porque tienen que entender que ese espacio es privado de los padres. Pero hay que explicárselo. No se puede cerrar con pestillo sin avisarles. Se puede decir algo así: «Tienes que dormir en tu camita y tienes que llamar a la puerta si quieres entrar en nuestra habitación.»

## Si tiene miedo a dormir solo

Si no hay forma de que quiera dormir solo porque se le ve angustiado, y no hay ningún motivo aparente de angustia en su vida cotidiana, vale la pena consultar con un psicólogo clínico o un psicoanalista. Para evitar el miedo a dormir solo, hay niños que piden que se deje la luz del pasillo encendida y la puerta entreabierta. Pero, insisto, no hay que ceder a la tentación de dormir con el niño. Muchos padres lo hacen porque así se aseguran de que el niño dormirá y que ellos no tendrán que levantarse en plena madrugada. Pero no es saludable infantilizar al niño. Hay que ayudarlo a convivir con sus angustias, pero no ofrecerle los privilegios de cuando era más pequeñito.

## ¿Por qué los niños no suelen querer dormir solos?

A los niños les encanta estar con sus padres, los quieren muchísimo, desean ser el centro de su vida. Es un impulso que vemos en todos los niños. Los psicoanalistas hablamos del «complejo de Edipo» para describir esta necesidad de un niño de querer ser el único para su madre o su padre. Normalmente, las niñas están más apegadas al padre y los niños a la madre. Aunque los deseos de exclusividad pueden cambiar de un progenitor a otro a medida que el niño crece. La fantasía del niño es separar a los padres y que uno de ellos se dedique en exclusiva a él.

Dormir solo ayuda a que el niño acepte que su papá o su mamá no viven exclusivamente para él. Por eso es tan negativo para un niño (y para todo el núcleo familiar) que uno de los padres se vaya a dormir a la habitación del niño mientras éste duerme con el otro progenitor. Es una situación que se da con cierta frecuencia y que descoloca el lugar que cada persona debe ocupar en la familia. Los niños tienen que separarse de sus padres y no separar a los padres.

# ¿Por qué tiene pesadillas?

¿Usted tiene pesadillas?, ¿su pareja? Le sugiero que haga una encuesta entre algunos de sus familiares y amigos. Todos tenemos pesadillas. Es algo absolutamente normal. Y los niños también las tienen. Sueñan que están perdidos en un bosque, sueñan que se les caen los dientes, sueñan que se caen al vacío... Y, muchas veces, gritan, piden ayuda, lloran... Claro, los padres sufren. Pero, insisto, se trata de algo muy normal. Las pesadillas no son un síntoma de que el niño sufra un problema psicológico.

Es verdad, de todos modos, que hay niños que pasan por épocas en las que tienen más pesadillas, algo que alarma a los padres. En estos casos, probablemente el niño está pasando por una etapa complicada.

## Basadas en hechos reales

Las pesadillas están basadas en algún hecho real que ha vivido el niño. Los sueños, incluidas las pesadillas, se fabrican a partir de un recuerdo. Tomemos como ejemplo una pesadilla muy típica de los niños: el niño que se pierde. «¡Mamá, mamá, estaba soñando que me perdía en un bosque muy oscuro y que un lobo me quería morder!», llora una niña de seis años abrazada a su madre en mitad de la noche. Digamos que el escenario lo ha fabricado el inconsciente de la niña a partir de lo que ésta ha leído en cuentos o visto en películas.

Pero ¿cuál es el tema de la pesadilla?, ¿cuál es el significado oculto que buscamos los psicoanalistas en los sueños? A esa edad, a la mayoría de los niños se les caen los dientes de leche para que tengan sitio los dientes adultos. Es algo que genera molestias físicas. Además, a muchos niños no les gusta ver cómo se les caen los dientes y les queda un espacio vacío en la dentadura. O tienen miedo de que no les salgan más dientes, por mucho que sus padres les digan que estén tranquilos porque seguro que les saldrán. O, aunque a un niño todavía no se le caigan, ve que otros niños empiezan a perder dientes. Y se asusta. Por otro lado, no hay que olvidar que perder los dientes de leche marca otro hito en el paso a la vida adulta. Es decir, supone un alejamiento de los privilegios de la infancia. Por tanto, estos factores elevan el nivel de angustia del niño. Y, cuando el niño duerme y está más relajado, esa angustia se manifiesta en los sueños en forma de pesadillas. Así que la pesadilla de esa niña de seis años nos está explicando que un lobo la quiere morder (quizá tiene que ver directamente con sus dientes) y que se perdía en un bosque (quizá porque siente que se está haciendo mayor y tiene miedo a perderse en la vida).

De ahí la razón de ser del ratoncito Pérez, pues ayuda a hacer más agradable esta etapa algo complicada de la vida de un niño en la que se caen los dientes. Por cierto, las pesadillas en las que los niños pierden partes del cuerpo son muy habituales. Los niños están en proceso de crecimiento, su cuerpo sufre muchos cambios, y eso los puede angustiar.

Y a los bebés de entre seis y nueve meses, aproximadamente, les empiezan a salir los dientes. Así que puede ser una época en la que parezcan especialmente inquietos en los sueños. Tenemos pesadillas durante toda la vida. Probablemente, los recién nacidos tienen pesadillas. No podemos saber con certeza qué pesadillas, pero, quizá, tengan que ver con sensaciones desagradables que hayan vivido en el útero o durante el parto o su corta vida.

Otra pesadilla muy típica en los niños es que sueñen que sus padres mueren. Muchos niños tienen la pesadilla de que sus papás mueren en un accidente de coche, por ejemplo. El gran motivo de angustia de los niños es separarse definitivamente de sus padres, quedarse solos, perder su amor, como explico en el capítulo dedicado a las fobias. Son miedos absolutamente normales en la infancia. Pero que, claro, disparan la angustia. Por la noche, al dormir, estamos mucho más relajados y bajamos las defensas que nos permiten controlar la angustia durante el día. Y aparecen estas pesadillas.

## Las pesadillas son terapéuticas

En el sentido de que permiten elaborar posibles pesadillas reales. Es una cuestión de equilibrio de la psique. Por ejemplo, la angustia ante la posible pérdida definitiva de los padres es tan, valga la redundancia, angustiante, que la psique se encarga de que no desborde al niño. Cuando el niño espera en la puerta del colegio a que su madre vaya a recogerlo y ésta se retrasa, el niño empieza a angustiarse. Pero también empezará a pensar que «seguro que viene» o «no me dejará solito» o se distraerá con algún juego para intentar regatear a su angustia. A veces, la angustia se desborda, es cierto. Aunque la psique suele saber construir los diques necesarios para encauzarla. Durante la noche, el inconsciente está menos vigilado, y la angustia puede campar a sus anchas con más facilidad.

Del mismo modo que el agua siempre busca una salida, la angustia también. Por la noche, encuentra menos diques y ayuda a formar las pesadillas. Es cierto que éstas no son agradables. Pero permiten vivir una situación en un contexto en el que, aunque haya angustia, no hay consecuencias reales. Hay que tener en cuenta, por otro lado, que los niños, sobre todo los más pequeños, no tienen lenguaje suficiente para manejar su angustia. Imagine que su pareja tarda mucho en volver a casa. Usted, claro, tiene miedo de que le haya pasado algo. ¿Qué haría? Antes de ponerse en lo peor, seguramente piense que «se habrá quedado sin batería en el móvil, por eso no me contesta». En cambio, los niños no tienen tanta experiencia de la vida, no han aprendido, todavía, a manejar las situaciones angustiantes. No pueden apoyarse tanto en su experiencia para superar su angustia, y necesitan elaborar en sueños los temas que les preocupan. Digamos que las pesadillas forman parte del aprendizaje del crecimiento, pues le permiten al niño pensar en que sus padres pueden desaparecer y que él puede quedarse solo, en que a él mismo le puede pasar algo si tiene un accidente... Situaciones que, cuando está despierto, rondan por su psique angustiándolo.

## «¿Y si tiene muchas pesadillas?»

Por tanto, las pesadillas en sí mismas no son preocupantes. Es cierto que los niños pasan por épocas en las que tienen pesadillas recurrentes. El motivo, como ya he señalado, es que necesitan elaborar los temas de las pesadillas. Del mismo modo que les gusta ver una película varias veces para aprehenderla bien, necesitan tener la misma pesadilla varias veces para elaborar la angustia que las motiva.

Si un niño tiene más pesadillas de lo que es habitual en él, probablemente éstas son un síntoma de que se ha disparado su nivel de angustia por algún motivo. En este caso, habrá que averiguar qué le puede estar sucediendo. Quizá está pasando por una época especialmente complicada en el colegio porque sufre acoso escolar; tiene miedo de que sus padres se separen; puede que haya vivido una situación traumática, como un cambio de colegio o la separación de los padres o la muerte de un ser querido. Si los padres no encuentran ningún motivo que explique este aumento de las pesadillas, no estaría de más consultar a un psicólogo clínico o un psicoanalista, que quizá detectaría lo que está pasando.

## Sueños, pesadillas y deseos

El deseo es, junto con los temas que angustian, el otro gran motor de las pesadillas. En realidad, los deseos son el gran motor de los sueños en general. Todos tenemos deseos que no se pueden cumplir o que se cumplen parcialmente. Y los satisfacemos en sueños. Se trata de una cuestión de equilibrio. La psique busca siempre el equilibrio. Si algo preocupa mucho o si algo es muy deseado, se vivirá en sueños.

Recuerdo el caso de un niño cuya madre había muerto de cáncer. Él soñaba a menudo con que su madre aparecía en su fiesta de cumpleaños. Pero los deseos también pueden generar pesadillas. Los niños, durante la vigilia, pueden desear que sus padres desaparezcan. Los padres quieren mucho a los hijos, pero también los frustran. Y los niños les tienen rabia. Esa rabia y ese deseo de que desaparezcan los padres pueden hacerse realidad en los sueños, pero también pueden asociarse con culpabilidad. Y el sueño se convierte en pesadilla.

## «¿Qué podemos hacer si tiene una pesadilla?»

«Las pesadillas son normales, perfecto —dirán muchos padres—, pero no nos dejan descansar lo suficiente por la noche.» Los niños gritan, van a la habitación de los padres, reclaman su atención en plena madrugada. Y muchos padres desean que las pesadillas acaben cuanto antes. Algo que no siempre es posible. Si las pesadillas se deben a que el niño está pasando por una situación traumática, se puede tratar esa situación. Pero, como tener pesadillas es algo que les sucede también a los niños que están en una época tranquila, habrá que tener paciencia.

Lo mejor que se puede hacer es consolar al niño. Siempre en su habitación, porque, como ya he señalado en el capítulo «¿Y si mi hijo no quiere dormir solo?», no es nunca saludable que los niños duerman con sus padres a partir de cierta edad. Si el niño se despierta, es bueno hacerle hablar, para que conecte con sus padres. Y decirle cosas como: «Ya pasó», «No te preocupes, sólo era un sueño» o «No hay ningún monstruo en la habitación», para que se dé cuenta de que no le está pasando nada malo. No creo que sea adecuado preguntarle mucho por la pesadilla, porque quizá se angustiaría más y se desvelaría. Si el niño quiere hablar de ella un poco, que hable. Pero creo que es importante que se relaje y vuelva a dormir lo antes posible. Luego, por la mañana en el desayuno se puede hablar de la pesadilla. Aunque es posible que no se acuerde. O que no quiera hablar. Así que no hay que insistir. Si no quiere hablar de su pesadilla, está en su derecho, porque seguramente no quiere angustiarse de nuevo.

Algunos hábitos de higiene del sueño pueden ayudar a evitar las pesadillas. Por ejemplo, no esperar a que el niño esté muy cansado y de mal humor para que se vaya a dormir; que no cene mucho justo antes de ir a dormir; que los colores y la luz de la habitación sean relajantes; que no vea mucho la tele antes de acostarse...

## Si sueña con perros quiere decir que...

Pues depende del niño y del momento vital en el que esté cada uno. Los diccionarios de sueños no tienen ningún sentido. Soñar con perros, trenes o globos de color violeta no tiene ningún significado en concreto. Es verdad que, como dijo Sigmund Freud, los sueños son la vía regia al inconsciente, el atajo que nos permite llegar con más rapidez a nuestro mundo más interior. Pero no hay símbolos universales en los sueños. Analizar sueños con un diccionario al lado es psicoanálisis del burdo.

Muchos padres me preguntan preocupados «¿Qué quiere decir que nuestro hijo sueñe con frecuencia que salta al vacío?» Pues, como decía, depende. Hay niños que sueñan que caen al vacío porque sienten angustia de perderse, otros que sueñan que caen al vacío porque tienen miedo a hacerse daño, otros que sueñan que caen al vacío porque su papá juega con ellos a lanzarlos al aire y cogerlos... La interpretación de los sueños requiere formación y experiencia, ya que los sueños están *cifrados*. Para analizarlos, es necesario meterse en la intimidad de otra persona. Por tanto, las interpretaciones de los sueños hay que hacerlas en un contexto terapéutico y en función de lo que le pase al niño en su vida.

# Si se vuelve a hacer pipí en la cama...

Otra vez el más pequeño de la casa ha mojado la cama. Ya tiene tres años y medio, y sus padres llevan algunos meses intentando que se despierte cuando tenga ganas de hacer pipí. Pero no hay manera. Y papá y mamá se miran con cara de interrogación: «¿Qué estaremos haciendo mal?»

La incapacidad para controlar el pipí se conoce con el nombre de «enuresis», mientras que «encopresis» hace referencia al no control de la caca. Hay que distinguir entre enuresis primaria o encopresis primaria, que son las que se producen cuando el niño no consigue aprender a controlar sus esfínteres, y las secundarias, que se dan cuando el niño que ya sabía controlarlos vuelve a hacerse pipí o caca encima. Ambas son un motivo de consulta muy frecuente a pediatras, psicólogos clínicos y psicoanalistas. Aunque pueden darse a la vez, es más habitual que el niño se haga pipí, y no caca, en la cama.

Es un tema que suele angustiar a los padres, que creen que puede ser muy traumático para el niño mojar la cama y que, además, se sienten mal por no saber qué hacer. Pero, sobre todo en los casos de la enuresis o la encopresis primarias, su abordaje es mucho más sencillo de lo que creen muchos padres apurados que pasan meses y meses lavando sábanas.

## La prueba del tobogán

Hoy en día, muchos padres están muy bien informados. Leen libros o revistas sobre cómo criar a los hijos, no faltan a ninguna cita con el pediatra... y saben que, cuando su hijo llega a los dos añitos o dos añitos y medio de edad, tienen que enseñarle a controlar los esfínteres. Es todo un acontecimiento en la vida familiar. Y uno de los mayores retos que habrá vivido el niño hasta el momento. Debe aprender que ya no podrá hacer pipí o caca cuando, donde y como le parezca. Hay que ponerle límites a esa libertad tan privilegiada de la que disfrutaba.

A esa edad, la mayoría de los niños ya tienen preparado su sistema mental y su sistema urinario para hacer pipí y caca en el cuarto de baño. Pero con algunos niños parece que no hay forma. ¿Cuál es uno de los errores más frecuentes por parte de los padres? Pues que se adelantan un poco e intentan que su hijo controle esfínteres cuando aún no puede. Un truco para saber si un niño está preparado para decir adiós a los pañales es la prueba del tobogán. El niño que es capaz de subir y bajar de un tobogán tiene los mecanismos necesarios (atención, control y coordinación) para controlar sus esfínteres.

## «¿Le ponemos el pañal por la noche?»

Éste es otro error muy habitual. Se le dice a un niño que debe hacer pipí y caca en el orinal durante el día. Pero por la noche se le pone un pañal, con lo que se le da a entender que la norma que debe cumplir de día no tiene por qué cumplirla de noche. Y los niños de dos o tres años no están preparados para entender que una norma vale de día pero no de noche. Si se le pone un pañal a un niño por la noche, no se le transmite la idea esencial que debe aprender, que es que si su vejiga está llena tiene que despertarse.

«¿Es que si se hace pipí de noche...?» Muchos padres tienen miedo de que si su hijo se hace pipí de noche pueda sufrir algún tipo de trauma psicológico. Pero, en realidad, el trauma es más para los padres que para el niño. Que un niño de tres años todavía se haga pipí en la cama es un problema, pero no hay que reaccionar como si fuera algo terrible, porque el problema se agudiza.

En la mayoría de los casos, si se quita el pañal de noche cuando se empieza a educar al niño a controlar sus esfínteres... No pasa nada. El niño se despierta si tiene pipí y va al cuarto de baño o llama a su papá o su mamá. Eso sí, hay que explicárselo: «Ahora ya estás preparado, así que no te vamos a poner el pañal, y cuando tengas pipí o caca tendrás que ir al baño o llamar a papá o mamá para que vaya contigo.» Y se puede dejar la luz del baño encendida para que sea más fácil que encuentre el camino si quiere ir solito.

Lo más frecuente es que desde el principio el niño aguante toda la noche o que se despierte y vaya al baño solo o acompañado. O quizá habrá que lavar sábanas durante algunos días. Pero sería más difícil intentar quitarle luego ese pañal de noche y pedirle que aprenda a controlarse. Antiguamente, las madres no querían lavar tantos pañales, así que acostumbraban a sus hijos a que se despertaran por la noche. Y en los años 40 o 50 del siglo pasado había muchos menos casos de enuresis o encopresis.

Tampoco se trata de prohibir al niño que beba líquidos a partir de las ocho de la tarde. Controlar el pipí no tiene que ver con la cantidad de líquido que se bebe, sino con la capacidad del niño para aprender a despertarse cuando tenga la vejiga llena e ir al baño. Pero es importante que haga pipí justo antes de ir a la cama para que pueda aguantar más tiempo. Y hay que tener paciencia, porque muchos padres quieren que su hijo aprenda rápido. No siempre es posible. Hay que ir con él al baño por la noche, ayudarlo a bajarse las braguitas o los calzoncillos, ayudarlo a apuntar... porque seguramente estará muy dormido. Las primeras noches querrá ir con papá o con mamá al baño, y luego irá solo.

## Pipí y caca, en el cuarto de baño

Qué simpática es la imagen del pequeñín de la casa haciendo sus cositas en el comedor en su precioso orinal... Pero educar a controlar los esfínteres supone poner límites a una actividad (orinar y defecar) que los adultos hacemos en privado. Y a eso se han de acostumbrar los más pequeños: el pipí y la caca se hacen en el cuarto de baño, y no en el comedor, la habitación o la cocina. El control de los esfínteres no tiene que ver únicamente con no hacerse pipí o caca encima. Tiene que ver, también, con hacerlo en el sitio adecuado.

## «De repente, se vuelve a hacer pipí en la cama»

Ocurre con cierta frecuencia que un niño que llevaba meses o años controlando su pipí y su caca... deja de hacerlo. En este caso, hablamos de enuresis o encopresis secundarias, como ya he dicho. Cuando un niño aprende a controlar sus esfínteres y luego pierde esa capacidad, es evidente que ha ocurrido un hecho traumático: la separación de los padres, la muerte de un padre, una mudanza, problemas en la escuela... En épocas de angustia, puede ocurrir que el niño vuelva a conductas antiguas, como si fuera más pequeñito.

Es habitual que esa pérdida del control de esfínteres se deba a que el niño siente que le falta atención. Al mojar la cama tiene a la familia pendiente de él, ya que hay que lavar las sábanas, preguntarle si le pasa algo, etc. Se genera un problema y el niño obtiene atención. No hay que hacer un drama de esta situación, ya que el niño debe aprender a pedir atención de otra manera. Lo mejor es cambiar las sábanas y duchar al niño sin darles mucha importancia a lo que ha pasado. Esta situación es muy típica cuando llega un hermanito. Para un niño de seis años, hacerse pipí en la cama es una forma de decir que él también quiere los mismos privilegios y atenciones que su hermanito bebé, que se mea encima y además le aplauden.

Si se encuentra la causa de que el niño vuelva a mojar la cama, no hay que ponerle el pañal, no hay que avergonzarlo, no hay que angustiarse. Ya sabemos lo que pasa. Y al niño hay que decirle, sin enfadarse: «Acuérdate de que si tienes pipí tienes que ir al cuarto de baño.»

Si el niño vuelve a mojar la cama durante más de un mes o no hay un motivo evidente para esta pérdida del control de esfínteres, hay que intervenir psicoterapéuticamente. A veces, los padres aseguran que no ha pasado nada en la vida del niño. Pero, hablando con ellos, rascando un poco, dicen, por ejemplo, que habían pensado en separarse porque discutían mucho. Los niños tienen un radar que les permite captar muchísimas más cosas de las que creen los adultos. Y, claro, el hijo se había dado cuenta de que algo pasaba, aunque sus padres no se lo comunicaran.

## «Adiós, caquita»

Cuando el niño está aprendiendo a hacer pipí y caca, hay que premiarle diciéndole que lo ha hecho muy bien si se despierta sin haberse hecho pipí o caca o cuando pide ir a hacerlo al orinal. Pero no hay que comprarle orinales con música ni darle regalos. Controlar sus esfínteres es algo que debe aprender. No hay que convertir en una fiesta musical cada vez que el niño haga caquita en su orinal, porque se le estaría dando una importancia exagerada y, además, en algún momento el niño tendrá que sentarse en el inodoro de los adultos. Y la dinámica de los premios es peligrosa, porque los niños aprenden rápidamente el arte del chantajeo. Lo mejor es compartir con ellos los momentos en los que hacen bien las cosas y demostrarles con alegría que sus papás están contentos. Decir «adiós, caquita», cuando el niño empieza a hacerla en su orinal y premiarle simplemente con una sonrisa.

## «Guau, sale pipí de mi pilila»

«Carlos, haz pipí y vete a la cama.» Y Carlos responde: «No tengo ganas.» Y el padre o la madre insiste: «Por favor, haz pipí y vamos ya a la cama.» Y Carlos sonríe triunfante y sigue enrocado: «Que no quiero...» Una de las mayores aficiones de los niños es retar a sus padres para saber hasta dónde llega su paciencia. Para ellos, es todo un acontecimiento descubrir que pueden retener o soltar el pipí y la caca a su antojo. Hasta los dos años de edad, buena parte de sus intereses pasaba por meterse cosas en la boca, chupar, lamer... Ahora, tienen una nueva afición, hacer pipí y caca cuando quieran. Descubren nuevas sensaciones físicas. Es un placer sentir que pueden apretar y soltar. Es un juego que les sirve para retar a sus padres porque se dan cuenta de que son dueños de su cuerpo. Descubren su cuerpo y, sobre todo, descubren que tienen poder sobre su cuerpo.

# Los niños también se entristecen

Los niños también pueden estar tristes o deprimidos. Cuando pensamos en la infancia, quizá estamos acostumbrados a pensar en niños que corretean alegres de un sitio para otro. Niños traviesos, alegres, llenos de energía. Pero no siempre es así. La infancia, como ya he señalado en la introducción, no es un mundo feliz libre de problemas. La publicidad y las películas para niños, combinadas con los deseos de los adultos de que sus hijos vivan libres de cualquier sufrimiento, crean el espejismo de que los niños son felices por el mero hecho de ser niños. De que, como aún no han sido golpeados por la vida adulta, disfrutan de una maravillosa y saludable inocencia. Pero, como decía, es un espejismo.

Y, en el tema de la tristeza y la depresión, creo que es importante empezar distinguiendo bien ambos términos. La tristeza es una reacción lógica y adecuada ante una pérdida del tipo que sea. Por ejemplo, el niño deja de ser el centro de la casa cuando llega un hermanito o se cambia de colegio. La depresión se produce cuando la tristeza se queda a vivir en el niño más tiempo del necesario para superar el duelo por lo perdido.

## Los niños también se entristecen

Cuando un bebé llega al mundo, no tardará mucho en enfrentarse a la primera de las múltiples pérdidas que le esperan en la vida. Y ésta no es una visión pesimista de la vida. Es una visión realista. Ese bebé tendrá que perder antes o después el privilegio de ser amamantado a demanda, tendrá que aceptar que su madre no puede estar siempre para él, tendrá que aceptar que no puede dormir con sus papás... Una visión realista que no quita que los niños pueden disfrutar mucho de la vida. Los niños no tienen más remedio que ir enfrentándose a estas y otras muchas pérdidas. Y hay niños que las toleran peor, que se entristecen. Es una tristeza relacionada con una pérdida en concreto. Por ejemplo, es habitual que, cuando llega un hermanito, el que había sido el rey de la casa hasta entonces se entristezca porque tiene que compartir su trono. Los padres no tienen por qué preocuparse si se dan cuenta de que esa tristeza tiene un desencadenante claro: el nacimiento de un hermano, la separación de los padres, la muerte de un abuelo, un cambio de colegio... Es una tristeza normal y saludable. Hay una causa clara para esa tristeza.

Y no sería saludable que, por ejemplo, un niño cuyos padres se han separado no esté triste. En este caso, la falta de tristeza sería preocupante. Si da la impresión de que la separación de sus padres le da igual, quizá está desarrollando una forma evasiva de enfrentarse a los problemas. Como si no fuera con él la cosa, como si todo pudiera seguir igual. Una manera de enfrentarse a los problemas que si continúa en la vida adulta le podría causar muchas dificultades.

¿Qué creo que deben hacer los padres cuando un niño pasa por una tristeza normal? Acompañarlo en su tristeza, hacerle sentir que lo entienden (diciéndole que es normal que esté triste si se ha muerto el abuelo, por ejemplo, o que sus padres lo quieren mucho y lo comprenden), respetar que alterne momentos en los que quiere jugar y se olvida de su tristeza con momentos en los que está triste.

Algunos padres creen que es mejor no hablar de la pérdida con el niño. No remover, por ejemplo, que el abuelo ha muerto o que ya no volverá a ver a los compañeros de su antiguo colegio. ¿Qué sentiría usted si no pudiera hablar con su pareja o sus amigos sobre sus penas? Pues, en este caso, un niño también sentirá que sus padres no lo comprenden, que no empatizan con él. Es muy importante hablar con él de lo que ha perdido. Hay cambios (como un cambio de colegio o una mudanza), que, aunque los padres no les den importancia, pueden desencadenar un duelo en los niños. Y hablar de las pérdidas es la mejor manera de elaborarlas y superarlas.

## ¿Y si casi siempre está triste?

Pues es probable que sufra una depresión. Cuando la tristeza tras un acontecimiento doloroso se alarga más de lo normal (por ejemplo, sería preocupante que un niño de seis años llevara un año triste por la muerte de un abuelo) o cuando la tristeza no tiene una causa clara, hay que acudir a un especialista. Un niño que está casi siempre triste es un niño deprimido. La depresión en los niños puede manifestarse de diferentes maneras. Pero es frecuente que con la tristeza aparezcan síntomas como la irritabilidad o que el niño muestre menos interés por juegos que antes le motivaban, que tenga problemas en la escuela, que tienda a aislarse, que le falte la energía, que se aburra fácilmente o que hable de sí mismo como si fuera malo o no mereciera ser querido.

## ¿Por qué se deprimen los niños?

Puede ocurrir que el niño sufra una pérdida real muy traumática, como la muerte de uno de los padres. En este caso, es normal que el niño se deprima, porque tendrá que pasar por un duelo muy complicado.

Hay un tipo de pérdida que es una importante causa de depresión en los niños. Un niño, cuando llega al mundo, necesita que sus padres estén fervientemente apasionados por él. Los necesita para todo. Pero no meramente por una cuestión de supervivencia física. Los bebés necesitan que les satisfagan necesidades básicas como la alimentación o la protección. Pero necesitan (y mucho) que los alimenten psicológicamente.

Como ya he explicado en la introducción, el amor de sus padres le da a un bebé un baño psicológico que le hará sentir que merece ser amado. Digamos que el amor de sus padres desde que el niño nace (casi podríamos decir que desde que es deseado y concebido) es la piedra fundacional de su autoestima, de la seguridad con la que irá por la vida, de su bienestar psicológico. Y el niño, sobre todo, necesitará el amor de su madre (o de quien realice la función materna, como ya he señalado también en la introducción). Necesitará que ella lo coja con alegría, que lo estimule, que le sonría, que le cante, que le cambie los pañales con amor... Todo ello es absolutamente fundamental durante los primeros años de vida para el desarrollo psicológico del niño. Algo que no sólo dicta el sentido común sino multitud de estudios científicos.

Pero si ese baño de amor no se da, si la madre está deprimida o muy estresada o no quiere hacerse cargo del niño, éste se deprime. Aunque si el niño tiene la fortuna de que el padre o una abuela, por ejemplo, compensen esa falta de amor es probable que no caiga en una depresión. Pero se deprimirá si no tiene la fortuna de vincularse a una persona que le dedique los cuidados con el amor que necesita. Así que una causa frecuente de la depresión en los bebés y los niños es que la madre esté deprimida. La falta de una figura que le dé amor y cariño, que lo alimente con alegría, que le permita entrar en la vida con confianza.

## Cómo se manifiesta la depresión en los bebés

Hay que tener en cuenta, de todos modos, que la depresión en los bebés no se manifiesta de la misma forma que en los niños o los adultos. Los síntomas más típicos de la depresión en los bebés no son el llanto, sino la apatía y la falta de ganas de relacionarse con otras personas y el entorno. Un bebé alegre, que recibe el amor y los cuidados adecuados y suficientes de su madre y de otras personas, es expresivo, agradece que alguien se acerque y le diga algo, sonríe. Uno de los síntomas más claros del bebé deprimido es que no sonríe nunca o prácticamente nunca. Tampoco reacciona a los estímulos del entorno. O parece que le da igual que su madre o su padre o la figura cuidadora más importante se vaya de su lado o lo deje con un extraño. Un bebé que se ha vinculado bien con su madre llorará cuando se separe de ella. Asimismo, otros síntomas típicos de los bebés deprimidos es que tardan mucho en empezar a caminar y en pronunciar sus primeras palabras.

## «Y, ¿cómo podemos ayudarlo?»

Como ya he señalado, si el niño está deprimido es aconsejable llevarlo al psicólogo o al psicoanalista. Habrá que tratar la experiencia traumática que ha causado la depresión. Imaginemos que la causa de la depresión de un niño es que arrastra el problema de que su madre estuvo deprimida durante sus primeros meses de vida. Pues se le puede ayudar en terapia. No podemos cambiar el pasado, pero podemos cambiar las consecuencias que el pasado tiene en el presente.

Y los padres deben implicarse para que su hijo supere la depresión. Por ejemplo, es frecuente que un niño deprimido no sepa jugar cuando está solo. Se queda como ensimismado o apático. Los padres pueden enseñarle a jugar solo, a ocupar el tiempo solo pero alegre. Algo que explico en el capítulo «¿Y si mi hijo se aburre?».

Los niños deprimidos tienen una baja autoestima, no saben cuidarse, no tienen la energía y la alegría para disfrutar de la vida. Un niño deprimido al que se le rompe un juguete se culpabilizará y entristecerá. Hay que enseñarle que no pasa nada. Se puede intentar arreglar el juguete, para que vea que las cosas se pueden arreglar. O, cuando se quede con los abuelos o la canguro, se asustará y entristecerá, porque se sentirá abandonado (en el caso de los niños, porque el bebé deprimido seguramente sienta indiferencia, como ya he dicho). Y ese abandono le conecta con el que sintió durante sus primeros meses de vida, cuando no tuvo a la figura que debía ocuparse verdaderamente de él.

Es importante enseñar al niño deprimido a que puede estar solo de vez en cuando, pero contento y alegre. Se trata de lograr que gane autoestima poco a poco, que sienta que sus padres lo adoran, que sienta que merece ser querido. Por tanto, para que un niño supere su depresión recomiendo que los padres le den amor. Así, poco a poco, se va cerrando la herida que arrastra desde pequeñito. No hay que irse al otro lado, al de la sobreprotección, porque ésta puede ser perjudicial ya que el niño debe tener confianza para afrontar el camino a la independencia. Jugar con el niño, dibujar con él, soñar con él... Todo ello le dará vida, alegría y confianza de que el mundo es un lugar que vale la pena.

# ¿Por qué tienen fobias?

La angustia es casi el síntoma psicológico por excelencia. Todos, en mayor o menor medida, hemos sentido angustia alguna vez. Y ¿qué es una fobia? una angustia exagerada, injustificada y persistente, asociada a determinados objetos y situaciones y que impide hacer vida normal. Por ejemplo, cuando un niño ve a un perro al otro lado de la calle y se pone a gritar, cuando un niño ve a un perro por la televisión y siente una angustia terrible, cuando un adulto imita el ladrido de un perro y el niño entra en pánico, cuando un niño no quiere salir a la calle porque tiene miedo de encontrarse con un perro..., tiene fobia a los perros. La manifestación más extrema de la fobia es el terror, una angustia que paraliza, el pánico.

De menos a más angustia, podemos dividir los tipos de angustia en: temores, miedos, fobias y terrores. Es decir, el terror es la máxima expresión de angustia. Por ejemplo, si un niño de cuatro años ve a un perro y siente temor, quizá cogerá con más fuerza la mano de su padre. Si tiene terror se pondrá a gritar, se quedará paralizado, entrará en pánico. Y el miedo es algo más fuerte que el temor. Es lógico que un niño de dos años tenga miedo a la oscuridad, que un niño de tres años tenga miedo a cruzar la calle solo, que un niño de cuatro años tenga miedo al asomarse por la ventana, que un niño de un año tenga miedo a los desconocidos o que un niño de cinco años tenga miedo a la velocidad. Son miedos evolutivos, adecuados a la edad del niño y que lo protegen de peligros, pues lo ayudan a incorporar normas sociales muy importantes para su supervivencia, tales como tener cuidado al asomarse a una ventana o al cruzar la calle. De este modo, el niño no será un temerario. Esos miedos van pasando a medida que el niño crece. Pero el problema se produce cuando un miedo se instala en la psique del niño en forma de fobia.

## ¿Por qué los niños tienen fobias?

Algunos niños tienen fobias de origen traumático. Por ejemplo, fobia a los perros porque han sido atacados por uno. Pero la inmensa mayoría de los niños que tienen fobia a los perros no han sufrido ningún ataque ni nada por el estilo. Los perros son muy monos y juguetones, pero representan la animalidad, lo incontrolable. Por mucho que un perro parezca bien educado, es un animal que puede morder o ladrar. Los niños ven a los perros ladrar, perseguirse, morder, saltar... Podemos decir que es natural y entendible que muchos niños tengan cierto temor o incluso miedo a los perros, aunque no hayan sufrido ningún encontronazo con alguno de ellos. Pero no es normal que un niño que no ha sufrido una experiencia traumática con un perro tenga fobia a los perros.

## El origen de la angustia en los niños

Para entender qué significa que un miedo se ha «instalado» y se ha convertido en una fobia, es necesario comprender cuál es el origen de la angustia. ¿Qué está pasando cuando un niño tiene una fobia? Toda fobia (es decir, toda angustia exagerada, injustificada y persistente) tiene su origen en un conflicto que no tiene que ver con la situación u objeto en que se focaliza la angustia. Cuando una persona sufre un conflicto psicológico que no puede resolver, se angustia. En el caso de los niños, el principal conflicto psicológico que dispara su angustia es el miedo a separarse de los padres. Por eso, muchas fobias se inician cuando el niño tiene tres años, que es cuando debe ir a la guardería. Además, a esa edad hay que saber controlar los esfínteres, relacionarse con los compañeros en la guardería... Es una época complicada, en la que es habitual que en muchos niños se eleve el nivel de angustia. Aunque, como decía, el principal motivo de angustia es separarse de los padres.

La angustia nos desequilibra, no podemos tolerarla durante mucho tiempo. Así que nuestra psique echa mano de unas estrategias que los psicoanalistas denominamos «mecanismos de defensa» para, precisamente, defenderse de ella. Esto es algo que hacemos todos a lo largo de nuestra vida. Y lo hacemos de forma inconsciente, automática, sin darnos cuenta. Hay numerosos mecanismos de defensa, algunos muy habituales en la infancia. Uno de ellos es la negación: el niño se niega a saber que sus padres tienen que separarse de él de vez en cuando. Aunque, en el fondo, antes o después tendrá que volver a la guardería, y en ese momento se disparará su angustia. Otro mecanismo típico en la infancia es la represión. El niño sabe que tiene que separarse de los padres, pero su psique intenta expulsar ese pensamiento, que tanto le angustia, de su conciencia. Otro mecanismo es la regresión. El niño, ante la angustia de tener que separarse de sus padres, se infantiliza, se comporta como un niño más pequeño, para que los padres lo calmen.

Y, si estos mecanismos de defensa no funcionan, aparecen las fobias. El niño siente más angustia de la que puede manejar, así que su psique busca un chivo expiatorio, como los perros, por ejemplo. La fobia es, por tanto, una solución de compromiso, un parche. El niño ya no sufre por su conflicto original, sino que se angustia por los perros, la oscuridad o el agua o porque puedan entrar ladrones en casa aunque no haya vivido una situación de este tipo... De este modo, la angustia es más manejable. Su psique ya no tiene que estar angustiada permanentemente y ya no tiene que manejar la angustia. Ha encontrado una solución. Y el niño se siente equilibrado. Es una forma de tener angustia, pero sin tenerla a lo que angustia de verdad. Se ha producido lo que los psicoanalistas denominamos un «desplazamiento».

## ¿Qué hacemos los psicoanalistas para tratar las fobias?

Por eso, en psicoanálisis el tratamiento no se enfoca en decirle al niño que los perros no hacen nada o que no hay monstruos en la oscuridad de la noche o que si la piscina no cubre es imposible que le pase nada malo si se baña en ella. Sabemos que el origen de la angustia está en otro sitio. Lo que hacemos los psicoanalistas es encontrar esa angustia primaria. Como ya he señalado en la introducción, el juego y el dibujo son, aparte de la palabra, las dos herramientas que empleamos los psicoanalistas para detectar los conflictos de los niños y ayudarlos a resolverlos. Con sus juegos, por ejemplo, los niños nos muestran la angustia que les genera separarse de sus padres: no quieren que los muñequitos con los que juegan se separen, no quieren que los muñequitos salgan de su casa, no quieren que los muñequitos vayan al cole... Al jugar con ellos y mostrarles que no pasa nada porque los muñequitos se separen de vez en cuando, estamos haciendo un trabajo terapéutico que ayuda a los niños a superar su fobia al agua o los perros porque se reduce su nivel de angustia primaria (es decir, la angustia que le produce separarse de sus padres).

## «¿Y cómo ayudarlo?»

En mi opinión, lo mejor que se puede hacer para que un niño sienta menos angustia es manejar de la mejor manera posible las situaciones en las que hay que separarse de él. El objetivo es generar la mínima angustia posible. Por ejemplo, es habitual ver a los padres sufrir en la puerta de la guardería cuando su hijo tiene que entrar. La escena es bastante dramática, con el niño llorando y los padres transmitiendo angustia con sus expresiones y gestos. Por mucho que se le diga a un niño que no le va a suceder nada malo en la guardería, que se lo pasará muy bien, si sus padres están angustiados, consiguen que el hijo se angustie. Así que siempre sugiero que hay que estar calmados cuando se lleva al niño a la guardería y cuando éste se queda con un canguro o se va de colonias... Hay padres que me aseguran que ellos le dicen a su hijo «que estará muy bien con la canguro». Pero la tarde en que tienen planeado ir al cine y dejar al niño con la canguro están angustiados por si el niño estará bien. Y el niño absorbe esa angustia.

En general, es importante no transmitir angustia al niño en otras situaciones. Casi diría que una de las principales funciones de los padres es transmitir a sus hijos toda la calma del mundo. Veamos una situación muy típica: el niño se cae de forma aparatosa por un tobogán y la madre o el padre llegan corriendo angustiados. ¿Qué consiguen? Aterrorizar al niño y que, quizá, tenga fobia a los toboganes.

Hay muchas situaciones en las que los padres transmiten su propia angustia a sus hijos. No quiero culpabilizarlos, sólo quiero hacerles reflexionar sobre si no podrían afrontar esas situaciones con menos angustia. Bastantes niños tienen fobia a bañarse en una piscina o en el mar. Es normal sentir cierto miedo (vuelvo a lo de antes, el miedo nos protege de ser temerarios, algo muy útil si nos queremos bañar en el mar o la piscina), pero, en la mayoría de los casos en que ese miedo se convierte en una fobia, los padres no han sabido acompañar a su hijo con tranquilidad en el proceso de aprender a nadar. Recuerdo bastantes casos de padres que vienen a consulta porque no hay forma de que su hijo se meta en la piscina. Yo les pregunto si ellos están tranquilos cuando van con su hijo a la piscina, y me dicen que no. Por eso, cuando se hace psicoanálisis con niños, hay que tratar a los padres. No quiero decir que los padres sean culpables de los problemas de sus hijos. La mayoría de los padres aman a sus hijos. Pero hay conductas de muchos padres que son francamente mejorables y que ayudarían a la salud mental de sus hijos.

Veamos otra fobia que trae a consulta a muchos niños: la fobia social. Hay niños que son tímidos. Pero algunos niños prácticamente no pueden relacionarse con los demás, se angustian mucho si se les acerca un niño en el parque. La fobia social es más frecuente si los padres no hacen vida social, no quedan con amigos, no muestran a sus hijos que relacionarse con otras personas fuera del ámbito familiar puede ser muy agradable.

Además, algunos padres refuerzan la angustia de sus hijos. Hay niños que no quieren hacer actividades extraescolares o ir de colonias porque es un ámbito en el que quizá haya desconocidos y sus padres no estarán. Y éstos, en lugar de animarlos, les permiten quedarse en casa. La sobreprotección puede hacer tanto daño como la falta de límites. Si se intenta criar a los hijos en una torre de marfil, luego no hay que extrañarse de que les cueste relacionarse con sus iguales o tengan otras fobias. Hay que dejar crecer a los niños y ayudarlos a que crezcan.

Vuelvo a repetir, a riesgo de ser algo pesado: no se trata de que los padres se sientan culpables. Si usted se da cuenta de que no está tranquilo cuando va a la piscina con su hijo, por ejemplo, no se culpabilice. Lo saludable, para usted y para su hijo, es que los padres identifiquen sus propias fuentes de angustia. Y, sobre todo, que recuerden que su rol como padres es calmar al niño.

## ¿Quién manda en casa?

Recuerdo el caso de un niño de nueve años que padecía de ataques de pánico cada vez que se imaginaba que tenía que alejarse de los padres. Todo había comenzado al inicio de unas colonias, cuando el niño empezó a llorar y gritar nada más arrancar el autobús que tenía que llevarlo de colonias. A los pocos días, empezamos el tratamiento. Un día hubo que hacer un cambio de horarios, y me reuní con el padre en presencia del niño. Ante cada propuesta de nuevo horario, y antes de que el padre pudiera decir nada, el niño respondía por él: «Ese día no puedo porque tengo inglés; ese tampoco porque entreno»: El niño controlaba su agenda, la del padre y, posiblemente, la de toda su familia. Alertado por la anécdota, cité a los padres. Y la madre explicó que cada vez que iba al súper con su hijo éste le preguntaba «cuánto había gastado». En esa entrevista, los padres se dieron cuenta de que ellos eran los hijos de sus hijos. Y que debían rendirles cuentas. Si se rompe la cadena de mando, si los padres no realizan su función de contener y calmar a sus hijos, se cambian los roles. Los niños se tienen que hacer cargo de las funciones de sus padres y se ven desbordados por la angustia, lo que genera fobias. Cuando los padres recuperaron el control de sus funciones como padres, su hijo pudo empezar a alejarse de ellos.

# Las obsesiones en los niños

Muchos padres tienen que pelearse con sus hijos porque éstos son muy desordenados. En cambio, otros padres se preocupan porque sus hijos son excesivamente ordenados. Sé que la palabra «obsesión» puede sonar algo fuerte. Pero no hay que tener miedo a emplear la palabra adecuada. Hay niños que tienen obsesiones. Las más frecuentes son las relacionadas con el orden, la limpieza, las conductas repetitivas al vestirse o al acostarse o el miedo a coger enfermedades. Por ejemplo, hay niños que se sienten obligados a ordenar y limpiar. A pesar de que su habitación o sus cosas estén más que correctamente ordenadas o limpias. Pueden pasar horas colocando los juguetes, los colores o los cuentos en el sitio en el que creen que deben estar. Y hay niños que se empeñan en que deben vestirse siempre de la misma forma y en el mismo orden. Es imposible hacer una lista de las diferentes obsesiones, ya que casi podríamos decir que hay tantas como niños. Recuerdo a un niño que venía a consulta y tenía que subir andando y contando todas las escaleras. Si a mitad de camino se descontaba, bajaba y volvía a empezar.

## Los rituales

Estos niños sufren porque tienen que hacer toda una serie de rituales, que llamamos «compulsiones», como colocar sus juguetes siempre en la misma posición o contar las escaleras. Hay niños que se enfadan mucho cuando alguien les mueve un juguete de su habitación. Si esa tendencia a la obsesión no se soluciona, puede ir invadiendo otras esferas de su vida. Y no es saludable que un niño sea demasiado autoexigente. El problema es evidente cuando éste debe realizar tantos rituales que su vida cotidiana se ve afectada. Por ejemplo, si no acaba de quedarse tranquilo cuando ordena la habitación, como si siempre pudiera estar mejor ordenada, y, con frecuencia, se pone muy nervioso, se enfada, grita o pega si no puede realizar sus rituales.

## El nivel de exigencia de los padres

¿Por qué hay niños obsesivos? Siempre hay un porqué para cualquier síntoma, y las obsesiones y las compulsiones lo son. En la gran mayoría de los casos, y he visto bastantes niños con este problema en mi consulta, los padres suelen ser excesivamente exigentes. A veces, olvidamos que los niños son niños. No pueden hacerlo todo bien: están aprendiendo, son algo patosos, se distraen con sus juegos aunque se les acabe de pedir que hagan algo... Y hay padres que no llevan bien que sus hijos cometan fallos o que no hagan lo que se les pide. Y no me estoy refiriendo a padres dictadores, que también los hay. Me refiero a los padres que intentan ser cariñosos con sus hijos, pero que no pueden disimular su fastidio o decepción cuando el niño hace algo mal.

## Un Superyó demasiado estricto

En psicoanálisis, entendemos que la psique está dividida en varias instancias. Una de ellas es el Superyó. Básicamente, el Superyó es la instancia que nos dice lo que está bien y lo que está mal. Veamos un ejemplo en adultos: un hombre conoce a la nueva pareja de su hermano y le parece muy atractiva, pero se siente mal (el Superyó es como Pepito Grillo) porque sabe que no está bien desear a la mujer de su hermano. Es un dique que nos ayuda a reprimir los deseos que no debemos cumplir.

En la infancia, las convenciones sociales, los ritos de convivencia o las buenas costumbres, como se los prefiera denominar, también son adquiridos por influencia de este Superyó. Por ejemplo, si un niño sabe que debe portarse bien en una reunión de adultos, y se siente mal o se angustia si le llega un deseo contrario como tirar del mantel y que toda la vajilla salga volando, no lo hará porque hay un Superyó que frenará estos impulsos. Le dirá que eso está mal. Así que el Superyó es muy práctico para que la vida en sociedad sea más o menos ordenada y pacífica.

El Superyó se va formando desde que los niños son pequeños mediante sus figuras de referencia, que les transmiten lo que está bien y lo que está mal. Y el orden y la limpieza, por ejemplo, son una forma de distinguir lo que está bien (ordenado y limpio) de lo que está mal (desordenado y sucio). Los padres se pasan buena parte del día enseñando a sus hijos que tienen que ser ordenados y limpios (hacer popó en el retrete, no tirar la comida al suelo, recoger los juguetes cuando acaban de jugar, no entrar en la cocina y revolverlo todo). Y que no deben ser desordenados y sucios. A través de estas y otras prohibiciones, se va gestando el Superyó de cada uno de nosotros. Pero ocurre que, como los adultos, los niños también tienen deseos prohibidos. Un niño puede desear ser el rey de la casa de nuevo y que sus papás no le hagan caso al nuevo hermanito, puede desear hacer caquita donde le apetezca (los padres saben muy bien que a los niños pequeños les apetece hacer sus necesidades allí donde les plazca) o puede desear que su papá se vaya para poder tener todo el amor de mamá para él. Pero su Superyó le dice que eso no puede ser. Y, como ha pensado o deseado algo que está mal, siente que debe limpiar y ordenar todo lo que pueda. Es un autocastigo. Pero no lo hace conscientemente. No es que piense: «He tenido un mal pensamiento y debo ordenar mi cuarto.» Lo hace de forma inconsciente. Todos los niños tienen este tipo de deseos prohibidos. Pero los que se deslizan hacia la obsesión tienen un Superyó demasiado exigente (seguramente, como decía, porque sus padres son demasiado exigentes).

## Cómo ayudarlo

En terapia, los psicoanalistas intentamos que los padres se den cuenta de que no pueden ser muy exigentes. Quizá muchos padres piensen que lo más fácil sería decirle al niño: «Carlos, no hace falta que ordenes tanto la habitación. Está bien. Puedes irte a ver los dibujos.» no suele funcionar. Quizá Carlos dejará de ordenar la habitación, pero, si sigue en su interior la autoexigencia excesiva, la obsesión le saldrá por otro lado. Creo que lo importante es que los padres se planteen si están siendo excesivamente exigentes con su hijo. Quizá son padres muy ordenados y muy pulcros. Y su hijo percibe que si mancha algo o rompe algo su mamá se va a enfadar mucho. Y eso es algo que cualquier niño desea evitar, pues no quiere que mamá se enfade, no quiere perder su amor. Así que será necesario reducir el nivel de exigencia. Aceptar que si hay niños en casa va a ser muy difícil que todo esté tan ordenado y limpio como cuando aún no estaban en la familia. Ése es uno de los encantos de los niños, un divertido caos que hay que ir controlando pero sin excederse.

# Mi hijo, ¿hiperactivo?

El trastorno por déficit de atención con hiperactividad (TDAH) se está diagnosticando muchísimo. Si hiciéramos caso a las estadísticas, nos encontraríamos ante una auténtica epidemia. Pero, en mi opinión, este trastorno no existe. Lo que sí existen son los niños muy movidos. Y es verdad que hay más niños movidos que antes. Pero no sufren un trastorno por déficit de atención con hiperactividad tal y como éste se vende. Es decir, un trastorno con un origen neurológico y que, por tanto, debe tratarse con medicación.

## ¿Hiperactivos o, simplemente, niños?

Los síntomas centrales de este supuesto trastorno son, según quienes defienden su existencia, la falta de atención, la incapacidad para finalizar las tareas, el nerviosismo... Existe un test (Cuestionario de conducta de CONNERS para padres) que consiste en una serie de ítems que los padres deben evaluar sobre el comportamiento de su hijo. Los padres evalúan cada ítem marcando una casilla: «nada», «poco», «bastante» o «mucho». Y con las respuestas se calcula un índice de hiperactividad. Éstos son los ítems: 1. Es impulsivo, irritable; 2. Es llorón/a; 3. Es más movido de lo normal; 4. No puede estarse quieto/a; 5. Es destructor/a (ropas, juguetes, otros objetos); 6. No acaba las cosas que empieza; 7. Se distrae fácilmente, tiene escasa atención; 8. Cambia bruscamente sus estados de ánimo; 9. Sus esfuerzos se frustran fácilmente; 10. Suele molestar frecuentemente a otros niños.

Responder «bastante» o «mucho» a varias de estas preguntas (que un niño sea movido, que un niño sea disperso, que a un niño le cueste prestar atención...) no es un criterio para diagnosticar este supuesto trastorno... ¡prácticamente es la definición de la infancia! Sobre todo en el caso de los niños más pequeños. Y es que hay conductas que son propias de la infancia: que un niño no acabe lo que empieza, que se distraiga fácilmente... Por cierto, existe un cuestionario muy semejante para maestros. Pero ni los padres ni los maestros pueden realizar este tipo de diagnósticos. No están formados para hacerlo.

¿De verdad nos sorprende que los niños de tres o cuatro años sean movidos o que no quieran acabar muchas tareas?, ¿cómo deberían ser? Es bueno que un niño de esa edad sea inquieto, que se quede absorto en sus cosas, que proteste si no quiere hacer algo, que corretee sin ton ni son... Es un niño que está aprendiendo a controlarse, que está experimentando, que está buscando sus límites. ¿Desde cuándo un niño que no presta atención tiene una enfermedad neurológica?

Como decía, considero que el TDAH no existe como tal. Y no sólo lo pienso yo, lo piensan muchos profesionales de la salud mental. Incluso, mientras escribo este libro, salta la noticia de que el semanario alemán *Der Spiegel* asegura que el psiquiatra Leon Eisenberg, el que descubrió el trastorno de déficit de atención e hiperactividad (TDAH), confesó siete meses antes de fallecer en 2009 que es «una enfermedad ficticia».

## Los peligros de la medicación

La gran mayoría de los niños pequeños, por definición, son movidos, les cuesta acabar una tarea porque se distraen con otras, quieren hacer lo que les da la gana... Pero se dice que no, que esos niños sufren un trastorno por déficit de atención con hiperactividad, que es un trastorno neurológico en el que se han propuesto factores de origen genético. Es decir, se dice que la causa fundamental del trastorno está en la biología (aunque se deja caer que puede haber factores ambientales), en alteraciones del cerebro, y, por supuesto, se venden pastillas para combatirlo. Estas pastillas suelen contener uno de estos principios activos: metilfenidato o atomoxetina. Ambos son dos tipos de anfetaminas, porque éstas, aunque son psicoestimulantes, tienen el efecto paradójico de calmar a los niños. Como veo en mi consulta, con las medicaciones que toman los niños diagnosticados con TDAH, muchas veces están medio dormidos y les cuesta mostrar interés por las cosas.

Aparte de que, como he señalado, no es cierto que la causa de que haya niños especialmente movidos o dispersos esté en alteraciones cerebrales, hay que ser conscientes de que los medicamentos que se recetan para el TDAH pueden tener serios efectos secundarios. Por ejemplo, según la Agencia Española de Medicamentos y Productos Sanitarios, el uso de los medicamentos cuyo principio activo es el metilfenidato «se puede asociar con alteraciones cardiovasculares y psiquiátricas» (nota publicada el 22 de enero de 2009) y «la revisión de los datos procedentes de ensayos clínicos ha mostrado que la atomoxetina puede producir cambios clínicamente importantes en la presión arterial y en la frecuencia cardiaca» (nota publicada el 5 de diciembre de 2011).

## Marketing con la salud mental

Las farmacéuticas llevan a cabo una serie de inteligentes estrategias para vender sus productos. Una de ellas es la *disease mongering* (promoción de enfermedades), que consiste en crear el caldo de cultivo adecuado para sus objetivos. Hay personal de las farmacéuticas que va a escuelas a hablar de presuntas enfermedades como el TDAH, sólo se publican los estudios clínicos que avalan sus intereses y, en ocasiones, se falsean los datos; eminentes médicos defienden las bondades de los medicamentos... Todo con el objetivo de vender medicamentos que, muchas veces, son, como mínimo, innecesarios.

## Sí, hay niños muy movidos, dispersos e impulsivos

Claro que hay niños que son más movidos, dispersos e impulsivos (los tres grandes síntomas del presunto TDAH) que otros. Niños que, para su edad, ya tendrían que estar un poco más tranquilos y deberían concentrarse mejor. Insisto, es normal que un niño de tres o cuatro años sea movido, impulsivo, disperso. Y es cierto que los niños de más de cinco o seis años ya no tendrían que ser tan impulsivos, ni ir tanto a la suya y deberían concentrarse en las tareas que realizan. Pero su problema no tiene un origen cerebral. Son movidos, dispersos e impulsivos porque vivimos en una sociedad movida, dispersa e impulsiva. Una sociedad acelerada en la que los niños llevan un ritmo de vida acelerado y están hiperestimulados (televisión, internet, videojuegos) y en la que muchos padres no ponen los límites adecuados a sus hijos. Éstos son los factores que explican que cada vez haya más niños muy movidos.

## «¿Y si ya lo estamos medicando o el médico quiere que lo mediquemos?»

Para mí (y para muchos profesionales de la salud mental) no existe el TDAH. Por tanto, no recomiendo, obviamente, que se medique a los niños a los que se les diagnostica esta supuesta enfermedad. Así que lo mejor que se puede hacer es ir al psicólogo clínico o al psicoanalista y aprender a ponerle límites, como explico en el primer capítulo. Los niños movidos pueden serlo por diferentes motivos. El principal, como ya he dicho, es la falta de límites. Pero puede haber otros motivos, como que estén sufriendo acoso escolar, y por eso están muy nerviosos. O que la madre (o la persona que realice la función materna, como señalo en la introducción) esté deprimida y el niño necesita moverse para ponerla en movimiento.

Un caso muy típico es el del niño que vive angustiado porque sus padres están a punto de separarse. El niño está nervioso, teme lo que pueda pasar, y le cuesta concentrarse, está más irritable, se enfada con otros niños. Y es fácil que sea diagnosticado con TDAH. Otro caso típico es el del niño muy movido que está buscando llamar la atención porque siente que sus padres no le dedican la atención suficiente. O el del niño que tiene pánico a separarse de sus padres, y por eso está nervioso muchas veces. ¿Cómo se pueden dar derivados de anfetaminas a estos niños? ¿Adónde vamos a ir parar? Un niño muy movido, disperso e impulsivo es como un adulto al que le duele la cabeza con mucha frecuencia. ¿Qué va a hacer ese adulto?, ¿tomarse una aspirina cada tarde?

Una de las quejas de los padres cuyos hijos están diagnosticados con TDAH es que éstos no les prestan atención. Pero conseguir la atención de los niños tiene que ver, muchas veces, con las ganas que le ponga uno a conseguirla. Si los padres, porque no pueden ya que están haciendo mil cosas o no quieren, no le prestan a su hijo toda la atención necesaria, ¿cómo esperar que el niño esté atento?

Por otro lado, hay niños que se mueven mucho cuando tienen hambre, frío o sueño, por ejemplo. Se mueven porque están nerviosos. Es una reacción normal. Pero no tienen ningún trastorno neurológico; simplemente aún no han aprendido a controlarse cuando están incómodos por algún motivo. Los padres tienen que enseñar a sus hijos a que esperen con calma cuando tienen hambre, en lugar de darles corriendo lo primero que cogen en la nevera; tienen que relajar a su hijo para que se duerma...

Límites y calma son las dos mejores estrategias para que los niños muy movidos no lo sean tanto. Algo muy difícil en una sociedad que vive acelerada. Y, repito, estos niños no tienen una alteración cerebral.

## Los profesores y la autoridad

¿Por qué muchos profesores tienen tendencia a sospechar que un niño sufre TDAH? Porque cada vez los niños son más difíciles de controlar en clase, es cierto. Pero ¿cómo podemos pedirles a los niños que no tienen los límites adecuados en casa y que están acostumbrados a hiperestimularse jugando dos horas cada tarde a un juego de guerra con el ordenador que se pasen ocho horas sentados escuchando a un profesor?

También creo que hay un problema de autoridad. Muchos profesores no consiguen tener la autoridad suficiente para manejar su clase. Y es mejor pensar que el problema de que un niño se descontrole está en el cerebro de éste, y no en que la sociedad no está ayudando a los profesores a que puedan ejercer la autoridad.

Creo que es necesario que la educación y sus trabajadores tengan más prestigio. Hasta no hace mucho, estudiar Magisterio era algo valorado por la sociedad. Hoy en día, hay padres que hablan mal de los profesores, incluso delante de los hijos. En las puertas de los colegios, muchos padres dicen: «Vaya cara tienen éstos, que tienen tres meses de vacaciones.» ¿Cómo van a prestar atención los niños a sus profesores, si se habla mal de ellos, si no se les respeta? No se valora la profesión de maestro en su justa medida. La sociedad debería ser más justa con los profesores, pues los niños pasan gran parte de su vida con ellos. Y la función de los maestros va mucho más allá de enseñar las tablas de multiplicar.

# Un nuevo hermanito en casa

Ah, mamá se ha quedado embarazada. Y su hija Ana tiene tres añitos. Ana ha sido la reina de la casa durante toda su vida, el ojito derecho de papá y mamá, la receptora de todo su amor. Y ahora papá y mamá, aunque contentos con la buena nueva, no saben muy bien cómo se lo tomará su niñita. «¿Se pondrá muy celosa?», «¿Sufrirá mucho?», «¿Cómo se lo decimos?».

Es normal que los padres se hagan estas preguntas. Quizá se les despierten fantasmas de su propio pasado, cuando ellos mismos tuvieron que aceptar a un hermanito en sus vidas. O ven las reacciones de los hijos de sus amigos. El gran miedo de los padres cuando van a tener otro niño es: «¿Y si nuestro hijo se pone celoso?»

## Menos mal, su hijo está celoso

¿Qué nos dicen los celos de un niño hacia su hermano? Sí, que teme dejar de ser el centro del mundo para sus padres. Teniendo en cuenta cómo son los niños, ¿le parece una reacción normal o anormal que un niño pequeño, de unos dos o tres años, por ejemplo, esté celoso cuando nace un hermanito? En este caso, los celos son normales y un buen síntoma de salud mental. En mi consulta veo a muchos padres muy preocupados porque su hijo se ha puesto muy celoso con la llegada a sus vidas de un hermanito. Me cuentan, angustiados, que, claro, su hijo de tres años está más protestón, frunce el ceño cuando mamá coge al bebé, a veces se acerca a la cuna con mala leche... Y tienen miedo de que le haga daño al bebé.

Son situaciones complicadas. Y muchos padres piensan que su hijo tiene celos patológicos. Pues no. Para un niño es normal que sea traumática la aparición de otro ser con el que va a tener que competir por el amor de sus padres. Recuerdo una viñeta de Mafalda, en la que le decía a su madre, a raíz de que ésta se quedara embarazada: «Es como si tu amor abriera una sucursal.»

Los celos son la expresión de un miedo natural. Por tanto, ante ese miedo es normal y saludable que el niño reaccione. Siente que su vida va a cambiar para siempre, y es verdad. El niño celoso no es consciente de las ventajas que le acarreará tener un hermanito: la compañía, podrá jugar con él, el vínculo tan especial que se crea... Es habitual que el hermanito llegue a la vida de un niño cuando éste tiene tres, cuatro o cinco años. Y en estas edades lo más normal es que tenga celos.

Por cierto, he visto a muchos padres en mi consulta que me han dicho que su hijo «no, qué va, no se ha puesto nada celoso, lo lleva muy bien». Hay padres que no quieren ver la realidad. Para ellos, los celos son algo patológico. Es muy difícil que su hijo de cuatro años quiera automáticamente a su hermanita como la quieren ellos. Así que se niegan la realidad. Aunque también ocurre que el niño se muestra absolutamente indiferente hacia su hermanito. Esto también es una muestra de celos. El niño está tan celoso, se le hace tan imposible asumir que tiene un hermanito, que se lo niega y, por tanto, no se quiere relacionar para nada con él.

## «¿Cómo se lo contamos?»

Cuando el embarazo de mamá ya es visible (o cuando se toma la decisión de adoptar a un niño) hay que explicárselo. No se puede diferir, porque entonces el niño se puede angustiar mucho, ya que se da cuenta de que pasa algo importante y no sabe qué es. Ni se puede decir cuando la madre esté de pocas semanas. Hay que esperar a que el embarazo sea visible. Y, tenga la edad que tenga, hay que explicárselo con palabras:

«Mira, mamá se ha quedado embarazada y vas a tener un hermanito.» En principio, cuanto mayor sea el niño, menos celoso se sentirá.

A partir de los seis años, los niños hacen mucha más vida extrafamiliar. Van al colegio, van a casas de amigos o reciben a sus amigos en casa... El amor de sus padres no es algo tan absolutamente necesario para ellos. Quizá también se pongan celosos, pero, en lugar de competir por el amor de sus padres, seguramente optarán por querer pasar más tiempo con sus amigos o jugando con sus cosas. Pero los celos son habituales a todas las edades.

Como decía, no se puede esperar que el niño se entusiasme como sus padres. Pero hay que dejar que toque la barriga, hay que decirle que será fantástico tener un hermanito con el que jugar, hay que ir con él a comprar la cunita... Y también hay que ir explicándole cómo va el proceso en el caso de que se esté en trámites de adopción. Aprenderá a querer a su hermano, pero necesita su tiempo.

## Hay celos saludables

¿Cómo se manifiestan los celos saludables? De muchas maneras: el niño se enfada cuando mamá da el pecho al bebé o le quiere quitar el chupete o se hace pipí en la cama por la noche después de mucho tiempo... Incluso, puede ser normal que un niño pequeño, de tres o cuatro años, que no es muy consciente de las consecuencias de muchos de sus actos, dé un manotazo a un hermano o lo empuje. Como digo, el niño no está deseando que su hermano se haga daño. Está manifestando su rabia. Es lógico que los padres se asusten, pero si estas pequeñas agresiones no van a más, también las englobamos en la esfera de los celos normales.

Si están celosos, los niños mayores pueden ponerse más infantiles. Recuerdo una niña de once años cuyo hermanito tenía el pelo rizado. Ella tenía el pelo liso. Al mes de vida del recién llegado, le imploraba a la madre que la llevara a la peluquería para hacerse ondulaciones. Como no consiguió su objetivo, logró que sus amigas la ayudarán a hacer de su cabellera una enorme muestra de trencitas. Así esperaba obtener un doble beneficio para sus celos: que toda la familia hablara de sus trencitas y que, en el caso de que su madre se las quitara, le quedara el pelo más rizado.

Hay niños que tienen salidas muy divertidas que reflejan unos celos saludables. Me contaba una madre que su hijo de cuatro años le había dicho lo siguiente: «Vale, mamá. Ya hemos jugado con el hermanito un rato; ahora ya podemos devolverlo.» Es recomendable que, cuando un niño muestre celos, los padres le expliquen que, por ejemplo en este caso, «un hermano no se devuelve». El niño tiene que ir interiorizando que su hermanito ha llegado para instalarse definitivamente en la vida familiar.

### ...Y hay celos patológicos

Un criterio para saber cuándo se ha traspasado la frontera y el niño tiene celos patológicos es si no deja en paz a su hermano, todos los días se pelean, etc. Si la convivencia entre ellos es prácticamente imposible. Una cosa es que un niño tenga un rapto de celos y diga que no quiere a su hermano y tire con rabia un juguete al suelo. Otra cosa es que los padres tengan que estar pendientes todo el rato del niño para que no le haga nada al bebé. ¿Por qué se dan los celos patológicos? En la mayoría de los casos, porque los padres no han sabido prevenirlos.

### Acciones preventivas

Se pueden realizar acciones preventivas para evitar que los celos saludables vayan a más. Por ejemplo, es bueno no descuidar al niño cuando llega un hermanito a la familia. Muchos padres son conscientes de ello. Así que están más atentos a su hijo. Se trata de darle más abrazos, de reforzar su autoestima diciendo que hace muy bien las cosas, de decirle que es un niño muy guapo... En definitiva, de hacer o decir todas aquellas cosas que hacen que un niño sienta que sus padres lo adoran.

Hay cosas que ayudan a que el niño no se obceque tanto en que «menudo rollo tener un hermanito». Por ejemplo, se le pueden comprar unas chucherías o un juguete para celebrar la llegada del hermanito. Es importante intentar integrarlo en la nueva dinámica familiar de una forma que sea divertida para él. Pero sin forzarlo. Si no quiere ver cómo papá y mamá bañan al hermanito o le dan su primera papilla, es mejor dejarlo a su aire. Como decía, irá aceptando y queriendo a su competidor poco a poco. Y, sobre todo, hay que evitar comparaciones entre hermanos: «Tu hermano sí que se porta bien» o «Tu hermano sí que es estudioso». Estas comparaciones destrozan la autoestima de los niños y pueden encender la mecha de los celos patológicos.

## Algunos errores típicos

Aviso importante: muchos niños que tienen entre dos y tres años piden teta cuando están celosos de que su hermano bebé pueda engancharse al pecho de la madre cuando le plazca. No es nada aconsejable acceder a sus deseos. Muchas madres no pueden resistirse, se sienten mal por ver a su hijo sufriendo por los celos, y piensan que no pasa nada por darle de nuevo un poco de pecho de vez en cuando. Pues sí que puede pasar, ya que se infantiliza al niño. La vida, como he dicho varias veces a lo largo de este libro, es un camino de la dependencia total a la independencia total. Y ese camino está lleno de frustraciones.

Es inevitable y bueno que así sea. No se le hace un favor a un niño de tres años al que se le da el pecho porque tiene celos. Hay que decirle que él ya es mayor, que ya come como los adultos, y no ceder a sus deseos.

Otro error típico es dejar al niño con los abuelos mucho más tiempo del habitual. Para muchos padres, es una opción cómoda:

no tienen que estar tan pendientes del niño y pueden volcarse completamente en el bebé. Pero ¿qué percibe el niño? Que lo dejan fuera del núcleo familiar. Se siente excluido. Y eso, como es lógico, no ayuda mucho a que el niño acepte con alegría la llegada de un hermano.

Por otro lado, hay que ser cuidadosos con las visitas a mamá en el hospital cuando ésta está a punto de parir o ya ha parido. Evidentemente, el niño tiene que estar con su mamá y su hermanito todo el tiempo que sea posible. Pero no recomiendo que esté con su madre si ésta se encuentra a punto de parir o está muy agotada o dolorida después del parto. En estas situaciones, la madre difícilmente podrá estar pendiente del niño como suele hacer, y éste se puede sentir rechazado. Aunque es muy importante que el niño vaya al hospital lo antes posible para ver a su hermanito. Si ve que un día su madre sale de casa y vuelve a los pocos días con un bebé, el niño puede, como se dice hoy en día, alucinar.

Otro error: «Como nos pedías un hermanito, te hemos encargado uno.» Algunos padres creen que, diciendo esto, su hijo se va a sentir más implicado con el hermanito. No funciona. Además, los niños piden muchas cosas. Pueden pedir un hermanito porque su mejor amigo ha tenido uno y tiene envidia de él. No hay que confundir a los niños con explicaciones que no son verdad: los hermanos no son un regalo que los padres le hacen. Un hermano responde al deseo de los padres.

Y un último apunte, aunque no tiene que ver exactamente con los celos. No es recomendable dejar solo a un niño de tres años, por ejemplo, con su hermanito bebé. Por un exceso de cariño o porque quiera jugar, puede hacerle daño.

## Del principio de placer al principio de realidad

Educar a un niño consiste, entre otras cosas, en enseñarle a reprimir sus impulsos más primarios. Si quiere teta porque su hermanito bebé tiene ese privilegio, hay que negárselo. Si quiere pegar a su hermano porque tiene celos, hay que evitarlo. Se trata de ir logrando que el niño pase del principio de placer al principio de realidad, como decimos los psicoanalistas. Sigmund Freud escribió que hay dos grandes principios que rigen la vida psíquica: el principio de placer y el principio de realidad. El primero nos lleva a buscar el placer o evitar el displacer de forma inmediata. Un niño quiere el juguete que tiene su hermanito y se lo arrebata sin contemplaciones. Ese niño se olvida completamente de la realidad del mundo externo, es decir, se olvida de que hay unas reglas que le dicen que no puede hacer lo que ha hecho. Los padres se encargan de activar el principio de realidad. Le dicen al niño que no debe coger por las bravas el juguete, que no debe hacer llorar a su hermano... El principio de realidad regula los deseos más primarios del niño (regula el principio de placer). Los frustra pero, a cambio, permite que el niño se integre en la sociedad.

# Y si sufre acoso escolar...

El acoso escolar es uno de los problemas que más preocupan a los padres. Desgraciadamente, cada vez más niños sufren acoso por parte de sus compañeros en la escuela. Y los padres tienen miedo de que sus hijos queden traumatizados. El niño que ha sufrido acoso puede quedar atemorizado, con mucho miedo a establecer nuevas relaciones sociales. Como he explicado en el capítulo de las fobias, al elevarse el nivel de angustia, ésta se puede focalizar en otros objetos o situaciones. Es frecuente que estos niños tengan miedo a los perros o estén obsesionados con que puedan entrar ladrones en casa, aunque no hayan vivido una experiencia de este tipo. Viven con una angustia permanente por culpa del acoso, y esa angustia tiende a salir hacia fuera focalizándose en chivos expiatorios como los perros o ladrones imaginarios, por ejemplo.

Así que si un niño sufre acoso escolar siempre es recomendable que acuda a un psicólogo clínico o un psicoanalista para que le ayude a elaborar lo que le ha pasado y no se convierta en un trauma. Pero es que, incluso, algunos niños han llegado al suicidio, como han informado los medios de comunicación. Y esto es algo que, lógicamente, aterroriza a muchos padres.

## ¿Por qué cada vez hay más casos de acoso escolar?

Porque la escuela es un reflejo de la sociedad, y ésta es cada vez más violenta. Lo vemos en las noticias pero también en nuestro día a día. La gente va muy estresada, hay una agresividad muy evidente al conducir, no es muy habitual que los jóvenes cedan el asiento a las personas mayores en el metro o el autobús, los videojuegos son cada vez más violentos, en los partidos de fútbol los aficionados aplauden a rabiar cuando un jugador del equipo contrario se lesiona... La sociedad está más de los nervios, y eso lo absorben los niños y se ve reflejado en la escuela. Y lo que sucede en la escuela es de vital importancia para los niños, porque pasan un tercio de su vida infantil en ella.

Si en el mundo hay cada vez más hostilidad, más egoísmo y más competitividad porque hay un puesto de trabajo para decenas o centenares de aspirantes, ¿cómo va a ser el ambiente en los colegios? Si la sociedad es violenta, la escuela será violenta. Por eso cada vez hay más casos de acoso escolar.

## ¿Cómo se da el acoso escolar?

Generalmente, un líder se busca a un grupo de cómplices que le ayuden a acosar a un niño que se muestra débil e indefenso. Le ponen motes insultantes, se meten con él con frecuencia durante el recreo, le gastan bromas pesadas, intentan que los demás lo vean como alguien ridículo e inferior... Consiguen que el niño acosado viva como un infierno el hecho de tener que ir a la escuela. El niño tiene miedo a hablar en clase porque cree que se reirán de él, tiene miedo a salir al recreo porque entonces quizá lo arrinconen y se metan con él, tiene pánico a salir de excursión... En el siguiente capítulo me centraré en los niños que son agresivos y acosadores.

Aunque hay una forma de acoso escolar que no es tan llamativa. Ocurre cuando un niño es apartado de la vida social de los demás. Hay niños con los que nadie quiere jugar, con los que prácticamente nadie quiere hablar. Aquí la violencia es puramente psicológica pero también muy traumática, ya que el niño necesita relacionarse con sus compañeros.

## Cómo detectar un posible caso de acoso escolar

La señal más clara de que un niño seguramente está sufriendo acoso escolar es que no quiera ir ál colegio. A todos los niños (incluso a los que sacan peores notas) les gusta ir al colegio, ya que allí se encuentran con sus amigos. Si un niño no quiere ir y no explica claramente qué le pasa, hay que investigar si está sufriendo acoso. Lo mejor es preguntarle al niño qué le sucede. Sin atosigarlo, sin hacer que se sienta culpable. Porque muchos niños que sufren acoso escolar no lo cuentan en casa porque les da vergüenza. A lo mejor un niño no quiere hablar de la escuela o dice que no pasa nada si se le pregunta. Así que, para cerciorarse de qué está sucediendo, siempre habrá que preguntar a los profesores si creen que puede estar produciéndose un caso de acoso escolar.

Por otro lado, muchos niños acosados no quieren hacer los deberes o, de repente, empiezan a sacar muy malas notas. También es frecuente que sufran problemas psicosomáticos; fundamentalmente problemas gástricos, diarreas o una bajada de defensas importante.

## Ciberacoso

Hoy en día, los casos de acoso no se circunscriben únicamente al ámbito del colegio. Desgraciadamente, cada vez hay más casos de ciberacoso. Por ejemplo, agresores que acosan a sus víctimas en redes sociales como Facebook. Por eso, entre otros motivos, es tan importante que los niños no tengan una cuenta en Facebook y, sobre todo, que no naveguen por internet sin ningún tipo de control. Siempre tiene que haber un adulto supervisando estas actividades. Porque en las redes sociales, que garantizan el anonimato para quien lo desee, es muy sencillo insultar o realizar comentarios denigrantes. Es muy sencillo crearse un perfil falso en internet y enviar amenazas o insultos. Hay muchos niños que no se atreven a acosar cara a cara y que prefieren hacerlo desde el anonimato de internet. Además, en muchas ocasiones, el acoso escolar y el ciberacoso se retroalimentan. Los niños comentan en las redes sociales lo que le han hecho a la víctima en el recreo. Y, al día siguiente, siguen en la escuela. Así que el niño acosado no deja de sufrir el acoso ni cuando está en casa, a no ser que no acceda a las redes sociales.

Pero como decía, hay una forma de acoso, menos evidente que las agresiones físicas, y que consiste en apartar a un niño o niña de los planes y las actividades del grupo, condenándolo a sufrir mucha soledad. Hoy muchos niños tienen su propio teléfono móvil ya en la primaria y comparten por redes sociales sus intereses y sus juegos. Y muchos padres sienten que al prohibirle usar un móvil o tener su propio perfil en redes sociales están contribuyendo a marginar a su hijo del grupo de amigos. Yo creo que la amistad se juega —nunca mejor dicho— a la hora del patio, o en casa después del colegio, cara a cara, compartiendo tiempo juntos. Pero no podemos dar la espalda a una realidad en la que me detendré luego: las pantallas han entrado con mucha fuerza en la vida de muchísimos niños. Ciñéndonos al tema que aquí nos ocupa, creo importante insistir en la necesidad de acompañar a los niños también en los mundos virtuales, charlar sobre lo que sucede en ellos, darles pautas y alertar de los peligros. Algunos padres dan con fórmulas creativas, como pactar que no vale decir por redes nada que no pueda decirse cara a cara.

## ¿Por qué algunos niños son niños diana?

Los culpables del acoso escolar son siempre los acosadores. Pero si queremos abordar este problema en profundidad tenemos que entender por qué hay niños que se convierten con más facilidad que otros en víctimas del acoso. Sólo algunos niños se convierten en víctimas. Suelen ser niños con la autoestima muy baja y que están acostumbrados a que no les den un trato digno en la familia. Son los niños diana, porque se convierten en un objetivo fácil para los acosadores. Son niños a los que seguramente no les hacen caso en su familia o que son maltratados por los padres. Están acostumbrados a colocarse en el papel del débil. No saben cómo salir de esa situación. Es como si hubieran interiorizado que ése es su lugar en el mundo. Están acostumbrados a ser maltratados. También puede ocurrir que uno de los padres maltrate al otro (ya sea física o psicológicamente). En estos casos, hay niños que se identifican con el progenitor maltratado. Y adoptan el rol temeroso y apocado propio de una persona maltratada.

## Ayudar al niño acosado

Lo más importante es aumentar la autoestima de los niños diana. Para ello, hay que fomentar el diálogo en casa, dedicar tiempo a los hijos, alabarles sus dibujos, decirles que está muy bien que hayan sacado un cinco a duras penas en el último examen de matemáticas o, si han suspendido, que seguramente el próximo les irá mejor porque son muy listos y trabajadores.

Hay padres que les dicen a sus hijos que son tontos. Nunca hay que menospreciar a un hijo, ni aunque haga algo mal o repetidamente mal. Una de las principales tareas de los padres es alimentar la autoestima de sus hijos. No hay que señalar sus torpezas. El niño tiene que sentir que sus padres lo ven como la persona más maravillosa y válida del mundo. Una buena autoestima, y no tanto las buenas notas, es lo que le permitirá enfrentarse al mundo con confianza. Si el niño consigue tener una autoestima elevada, seguramente podrá posicionarse de otra forma ante sus acosadores y dejará de ser la víctima.

## ¿Qué hacer y qué no hacer en una situación de acoso escolar?

«Papá, en el colegio me insultan cada día y lo paso fatal.» Y el padre le dice: «Pues insúltales tú a ellos.» Es un buen consejo si quiere que su hijo se convierta en alguien violento y que el acoso se cronifique. No hay que decirle al niño que dé una bofetada a sus acosadores (la violencia genera más violencia) ni que ponga la otra mejilla. Es mejor decirle al niño que, cuando vea que lo van a acosar, se vaya de la escena, que se aparte de los acosadores, que coja un libro y se ponga a leer. Mejor ignorar que responderles. Los agresores acosan porque quieren llamar la atención. Por eso no hay que pagarles con la misma moneda.

Y si el acoso persiste, lo mejor que puede hacer el niño es comunicárselo al adulto responsable que esté más cerca, ya sea su tutor o el profesor que esté vigilando en el patio.

La mediación de un adulto con autoridad es la mejor manera de que el colegio sepa lo que está pasando y de que los acosadores no se sientan impunes.

Aparte de aumentar la autoestima del niño acosado, es fundamental, en una situación de acoso o si se sospecha que se está produciendo, que los padres hablen con el tutor de su hijo. Sin amenazas, porque hay padres que le dicen al profesor que o para el acoso o tendrá problemas con ellos. Aunque también es verdad que muchas veces la escuela no quiere ver que se está produciendo un acoso. Pero son los profesores quienes deberían detectar estos casos y, sobre todo, impedir que la violencia entrara en los centros.

# Sin límites, un niño agresivo

Como he señalado en el capítulo anterior, la sociedad está más de los nervios que nunca. Nuestra sociedad es agresiva, así que no podemos extrañarnos de que cada vez haya más niños agresivos. Éste es un problema que trae a consulta a muchos padres, cuyos hijos pegan o muerden a otros niños, no pueden jugar sin acabar peleándose, insultan a los compañeros... Es algo que se ve mucho en la escuela.

## No es natural que los niños sean violentos

Ningún niño nace sabiendo cómo tiene que relacionarse con los demás. Su forma de relacionarse dependerá de lo que vive en su casa, que es su ámbito más importante. Muchos padres discuten entre ellos con agresividad e, incluso, llegan a la violencia física. Muchos padres que querrían separarse no pueden hacerlo por culpa de su situación económica, lo que genera un ambiente terrible en casa. Y hay padres que descargan su agresividad y su resentimiento en sus hijos.

Escucho con cierta frecuencia la frase: «Es que los niños pegan por naturaleza.» Así se justifica que haya niños que acosen en la escuela, ya que «es algo normal, que ha pasado toda la vida». Pues, mire usted, no. Me gustaría dejar clara una cosa: los niños no son malos por naturaleza y no es normal que peguen. Los niños que pegan son aquellos a los que no se les ha puesto los límites necesarios o que han sido agredidos. En la naturaleza de los niños no está pegar. A los niños sí que les pasa una cosa que es muy natural: tienen mucha energía. Y, cuando una persona tiene mucha energía, necesita descargarla. Si los niños están en un piso viendo la televisión toda la tarde sentados en el sofá, no podemos extrañarnos de que estén nerviosos y quieran descargar su energía de alguna forma. A veces, agrediendo a su hermanito o rompiendo algo. Los niños tienen que correr, estar en la calle, jugar..., gastar toda la energía que puedan.

## Una consecuencia de la falta de límites

Hay que poner los límites a diario. Si a un niño no se le ponen límites y se le consiente casi todo, se está elevando su umbral de excitación. Cada vez necesita más y más concesiones para sentirse satisfecho. En caso contrario, se siente frustrado y busca sacar su frustración de alguna forma. Volvemos a la agresión.

En este libro hablo muchas veces de los límites, pero es que son absolutamente necesarios para el desarrollo de los niños. Veo que muchos padres no quieren o no pueden ponerlos.

Muchos niños agresivos son niños que se han saltado la cadena de mando. Son ellos los que mandan en casa. Y eso sí que es antinatural. Se convierten en niños tiranos que tienen atemorizados a sus padres. Un límite es decirle a un niño que se tiene que ir a dormir, un límite es decirle a un niño que tiene que recoger la mesa, un límite es decirle a un niño que deje en paz a su hermano... Decirlo y mantenerse firme en esa decisión. Porque muchos padres le dicen al hijo que haga algo y el hijo hace otra cosa, y aquí no ha pasado nada.

Así que no es de extrañar que cada vez haya más niños que pegan a sus padres. Éstos les han cedido el poder, han permitido que sus hijos tomen el control. Los hijos retan a los padres, quieren ver hasta dónde éstos son capaces de poner límites. Y algunos niños, si ven que sus padres dimiten de poner límites, toman el poder e intentan tiranizarlos.

## Niños agredidos, niños agresores

Pero, aunque la falta de límites es un factor muy importante para entender por qué un niño es agresivo, creo que el factor más relevante es la agresividad que viven muchos niños. El título de este apartado se lo he pedido prestado a la psicoanalista francesa Françoise Dolto (1908-1988), que hace años hablaba de que los niños que son agredidos son los niños que agreden. Hay padres que son violentos con sus hijos: les insultan, les pegan, pegan o insultan a sus madres... Generan violencia hacia el niño. La gran mayoría de los niños agresores son niños agredidos de alguna u otra manera. Esto es algo que veo en los niños que acosan en la escuela.

Hay una regla universal en la evolución humana, que es que todo lo que se vive pasivamente tiene tendencia a pasarse a la voz activa. Por eso, muchos niños agresivos han sido agredidos. Y eso no les pasa sólo a los niños. Si a usted le insulta alguien, es probable que se genere una carga de rabia y agresividad en usted. Pero usted tiene el pensamiento y el lenguaje para contenerse. Puede pensar que el amigo que le ha insultado no está en sus cabales, puede sentirse muy enfadado pero pensar que es mejor reaccionar con calma. Tiene estrategias que los niños, sobre todo los más pequeños, no poseen. En este sentido, los niños funcionan de una forma más automática porque su Yo (la instancia psíquica que gestiona las pulsiones y lidia con las exigencias de la sociedad) aún está en formación.

La agresividad está en la sociedad, como ya he comentado.

Sólo hay que encender el televisor, conducir por la ciudad a las nueve de la mañana de un lunes o asistir a una reunión de una comunidad de vecinos. Un ejemplo de agresividad que viven muy de cerca los niños son algunos partidos de fútbol o baloncesto infantiles. Bastantes padres se comportan como fanáticos, gritando como locos e insultando o ridiculizando a los jugadores rivales. La agresividad está de forma evidente o de forma latente. Pero está. Y traspasa a los niños, que son muy permeables a lo que sucede a su alrededor. Éstos se cargan de agresividad, y luego necesitan sacarla.

## Calma, calma y calma

¿Qué le recomendaría usted a alguien que está excesivamente activado? Calma. Por eso, cuando unos padres están preocupados porque su hijo es agresivo, porque se pelea en el colegio, porque no sabe convivir con sus compañeros, porque sabotea todos los juegos, les sugiero que creen un ambiente lo más calmado posible. Es muy fácil cargarse enseguida de estímulos negativos. Papá tiene prisa por la mañana, le dice a su hijo que acabe el desayuno, se meten en el coche, el tráfico es insoportable, papá insulta a un taxista gritándole: «¡Mira por dónde vas, cabrón!», y el niño llega al colegio estresado. Entonces, jugando en el recreo, choca con un niño y le dice: «¡Mira por dónde vas, cabrón!» Los niños imitan a sus padres, aprenden de ellos. Y, si ven agresividad, se comportarán de forma agresiva.

Ya sé que la vida moderna tiene sus exigencias. Pero si se quiere evitar que los niños sean agresivos, lo mejor que se puede hacer es facilitarles un ambiente tan relajado como sea posible. Evitar la televisión por las mañanas, ir con el niño en el coche charlando tranquilamente o explicándole un cuento... Hay múltiples situaciones de la vida cotidiana en las que nos estresamos innecesariamente. Por ejemplo, considero que es una aberración que los niños vean el telediario, pues tendrán que absorber imágenes y palabras sobre el último atentado en Irak. Y no entenderán nada, porque no creo que muchos adultos se paren a explicarle a su hijo el conflicto iraquí.

## Las discusiones de pareja

Si los padres discuten mucho, se gritan o, incluso, se pegan, el niño está recibiendo agresividad. Y, probablemente, la sacará de alguna forma. Por eso, es preferible no discutir nunca delante del niño. Siempre hay tiempo para discutir. Así que hay que evitar que el niño aprenda que la agresividad es una forma válida de relacionarse.

Recuerdo el caso de un niño que le tiró el monopatín a la cabeza de su padre. Pero es que los padres, que estaban separados, aún se peleaban delante de él de vez en cuando y lo obligaban a ir al juzgado a declarar en contra del otro. La mayoría de los niños que pegan a sus padres son hijos de padres separados. Han visto cómo el padre denigra a la madre, por ejemplo, y entonces ellos también se sienten con el derecho de agredirla.

Algunos padres me dicen: «Sí, es verdad, mi mujer y yo no nos soportamos, pero disimulamos delante del niño.» Hay cosas que no se pueden disimular. Si los padres no se soportan, en casa hay un ambiente de tensión y de violencia contenida que el niño absorbe. Es evidente que si dos personas son pareja y no se soportan, la solución más lógica es la separación. «Es que no nos separamos por el bien del niño», me dicen algunos padres. No, mire, usted no se separa porque tiene miedo de separarse, porque no quiere quedarse solo o por lo que sea. Esto, como es lógico, no se lo digo yo a los padres directamente, aunque lo piense. Es una conclusión a la que tienen que llegar ellos. Pero si unos padres verdaderamente no se aguantan, lo mejor que pueden hacer, para ellos y para sus hijos, es poner punto final a su relación.

## Educar en el respeto

En los casos de acoso escolar, una de las formas más comunes en que se expresa la agresividad infantil es en que los niños se meten con el más gordito o con el que lleva aparatos en la boca. Si los padres han enseñado a sus hijos a respetar a las personas diferentes, los hijos las respetarán. Pero muchos padres se ríen de las personas diferentes, hacen comentarios denigrantes sobre las personas de otros países, tienen comportamientos machistas... Y,

125

como ya he señalado, los niños imitan a sus padres. Si ven que sus padres tienen el derecho de ser violentos verbalmente con los demás, no es extraño que ellos también quieran hacerlo.

## Cuando está a punto de armarse una buena

Los padres saben cuándo su hijo está punto de estallar y pegar o morder a su hermano, a otros niños o a ellos mismos. Antes de que suceda, hay que ayudar al niño a contenerse. Es preferible evitar contenciones físicas, como cogerlo, a no ser que esté a punto de hacer daño a alguien o hacerse daño a sí mismo. La mejor manera de contener a un niño es con palabras. Decirle, con un volumen algo elevado y contundente: «¡Basta!» o «¡No puedes pegar a tu hermano!», le recuerda al niño quién tiene la autoridad. Creo que es importante mostrarse firme, utilizar un volumen algo elevado, hablar con seriedad..., porque, de este modo, se sorprende al niño y se le saca de su dinámica. Y si los padres tienen pensado hacer algo que suele poner nervioso al niño (como bañarlo o darle de cenar un plato que no le gusta), y, en ese momento, lo ven ya con rabia, quizá es mejor cambiar de planes. Y no provocarlo. Hay que tener en cuenta, además, que un niño con tendencia a la agresividad puede estar nervioso porque se ha peleado en la escuela o tiene mucho sueño. Lo importante es ayudar al niño a calmarse, a que aprenda a controlar su agresividad.

## La crueldad de pegar a un niño

Los casos más extremos de maltrato a los niños incluyen la agresión física. Nunca se debe pegar a un niño. Los padres que pegan a sus hijos están pegando a una persona indefensa. El niño absorbe una agresividad brutal, y tiene dos opciones: o se deprime y se convierte en una víctima o se vuelve agresivo. Por eso, cuando hablo con maestros y me dicen que tienen un niño en clase que pega a los demás, les digo que no lo castiguen. Al castigarlos, se genera más agresividad. Les digo que llamen a sus padres para saber qué está pasando en casa. No puedo decir que todos los niños que pegan son niños que reciben castigos físicos. Pero si un niño pega, seguro que me plantearé: ¿dónde lo ha aprendido? Porque pegar a otra persona no es instintivo. Sí que es natural que el niño quiera patear algo. Por eso se le da una pelota. Pero, si pega a alguien, ha roto un límite que pone la sociedad. Y lo ha aprendido de alguien.

# ¿De dónde vienen los bebés?

«Papá, ¿de dónde vienen los niños?» o «Mami, ¿te gusta que papá te abrace y te bese?» o «¿Yo también tendré una pilila como la de mi primo?». Glups. Ésa es la primera reacción de muchos padres. Incluso de los más progres. Ah, el sexo. A veces cuesta hablar de él de una forma natural y relajada.

Llega un momento que los niños empiezan a hacerse preguntas que de una forma más o menos directa están relacionadas con el sexo. Lo que más les interesa es el tema de la reproducción. Normalmente, cuando tienen unos tres años y mamá se ha quedado embarazada o un amiguito de la guardería va a tener un hermanito. Digamos que se ven enfrentados a su primera gran pregunta existencial: de dónde vienen los niños y, por tanto, «de dónde vengo yo». Y empiezan a hacer preguntas a sus padres con esa insistencia infantil tan característica:

«¿Yo también estuve en la barriga de mamá?», «¿Cómo llegué a su barriga?», «¿Cómo salí?»...

## «¿Cómo le explico de dónde vienen los niños?»

A muchos padres les incomodan estas preguntas porque les obligan a hablarles a sus hijos de temas reproductivos. No se preocupen: sus hijos no se van a angustiar ni a traumatizar si se los explican. Se angustiarán y traumatizarán si les mienten, como pasa algunas veces en los casos de los niños adoptados, como explico en el capítulo correspondiente.

¿Cómo hablarles a los hijos de estos temas? Pues contándoles la verdad y nada más que la verdad, con un lenguaje adecuado a su edad y sin perderse en complicadas explicaciones anatómicas. Por ejemplo, Pedro tiene tres añitos y le pregunta a su padre sobre cómo llegó él a este mundo. En mi opinión, una respuesta adecuada podría ser algo así como: «Pues tu mamá y yo queríamos tener un hijo y papá puso una semillita en la barriga de mamá.» Que Pedro se muestra satisfecho con esa explicación y da por finalizada la rueda de prensa, perfecto. No hace falta insistir ni alargarse más. Si un niño no pregunta nada más es porque no quiere saber nada más. Ya le vale. Si la curiosidad de Pedro está especialmente despierta ese día y pregunta que cómo llegó esa semillita, no pasa nada por dar una explicación algo más concreta. «Pues los hombres tienen pene, y del pene sale una semillita que va a los huevos que tiene mamá en la barriga.» Y punto. Nada de explicaciones eróticas, ni de penetraciones, ni de posturas, pues un niño de tres años no estará preparado para entenderlas.

En el caso de que el niño haya sido fecundado mediante una técnica de reproducción asistida como la fecundación in vitro o la inseminación artificial, también es muy importante explicar la verdad. Se le puede explicar que las semillitas de papá no funcionaban bien, y fueron al médico para que le pusiera la semillita de otro hombre o para que les ayudara a que la semillita de papá funcionara mejor.

En los capítulos correspondientes, explico con más detalle cómo responder a estas preguntas en los casos de los niños adoptados, de las familias monoparentales o de las parejas homosexuales.

## «Mamá, ¿me crecerán las tetas como a ti?»

Aparte de las dudas existenciales sobre el origen de la vida, los niños tienen otras dudas más de orden práctico en el terreno de la evolución sexual. Ven que las mujeres tienen los pechos desarrollados y que los hombres tienen el pene más grande (si van a playas nudistas o ven a sus papás casualmente en el baño, por ejemplo) y que todos tienen mucho pelo en una zona en la que ellos no tienen. Saben que algún día serán mayores, que están creciendo, y se plantean cómo evolucionarán sus cuerpos.

Vuelvo a lo mismo: mi consejo es ser absolutamente sinceros: «Sí, te crecerán los pechos como a mí cuando seas mayor» o «Sí, tendrás pelo en la zona del pito». Y todo ello «porque es algo normal y bueno que le pasa a todo el mundo». Si parecen satisfechos, no hace falta explicar nada más. Si preguntan más, se sigue con esas mismas explicaciones.

## ¿Por qué es importante responder a sus preguntas con sinceridad?

Porque los psicoanalistas creemos que la curiosidad sexual es el origen del querer saber. Las preguntas sobre el origen de uno mismo y sobre algo tan importante para el ser humano como las cuestiones sexuales potencian la curiosidad. Uno de los principales motores de la vida en los niños es la curiosidad: querer conocer qué hay dentro de las cajas, preguntar un montón de cosas, abrir todas las puertas...

A los tres o cuatro años, cuando los niños ya tienen el lenguaje suficiente, empiezan a preguntar muchísimo. Y a esa misma edad, como ya he dicho, empiezan sus preguntas sobre el origen de la vida y la sexualidad. Si estas preguntas, tan y tan importantes para el niño, se responden con sinceridad, el lenguaje adecuado y paciencia, los padres facilitan que su hijo pueda seguir preguntando y preguntándose sobre otros temas sin angustia y con la confianza de que sus papás los ayudarán a descubrir el mundo. Si, en cambio, los padres demuestran mucha incomodidad o mienten al hablar de temas sexuales, los niños interiorizan que es mejor no hacer preguntas, que hay cosas que no se pueden saber, que no pueden confiar en sus padres para que los guíen en su descubrimiento del mundo. Y se coarta su curiosidad, que, para ellos, es fundamental.

## ¿Es malo que los niños vean desnudos a sus padres?

Opino que no es recomendable. Nadie va desnudo por la calle o en el trabajo, y las visitas no llegan desnudas a casa. Así que los niños ven siempre a las personas vestidas. Aunque a algunos padres les gusta ir por casa desnudos. Pero, cuando se tienen niños, éstos se pueden sentir incómodos ante la visión de los genitales de sus padres. No están acostumbrados a verlos, y sus genitales no son como los de sus padres. Aunque se les explique que cuando sean mayores ellos también tendrán pelo en el pubis, por ejemplo, la visión de los genitales los puede poner nerviosos. Su psique no está preparada para ello.

Los niños, además, suelen tener fantasías sexuales. Se están construyendo una idea de cómo es el mundo, y la sexualidad infantil forma parte de él: cuando los padres le cuentan a su hijo «cómo se hace un niño», él mismo se imagina ocupando el lugar del padre o de la madre o de ambos. Entra en una especie de competencia o celos por no poder participar en esa dinámica reproductiva y amorosa. La visión de la desnudez de los padres le despierta fantasías que lo alteran, ya que se imagina participando en el mundo sexual de los adultos.

La incomodidad de los niños ante la desnudez se ve mucho en las playas nudistas. Los niños se alteran, miran y hacen preguntas continuamente sobre los cuerpos que ven. Así que recomiendo que los padres no vayan desnudos por casa. Y, si se acude a playas nudistas, aconsejo tener respuestas preparadas para este tipo de preguntas. Porque no se puede llevar a un niño a una playa nudista y luego decirle, cuando se sorprende al observar la diversidad sexual humana, que no puede preguntar. Estos planteamientos me suelen llevar a discusiones con algunos padres, que me tachan de moralista o conservador o de que tengo un discurso típico de un colegio de curas. O me dicen: «¡Pero si la desnudez es lo más natural del mundo!» Claro, por eso los maestros dan clase desnudos o los tíos y los abuelos, cuando vienen de visita, se desnudan. Mis opiniones no están basadas en dogmas, sino en que los niños suelen incomodarse ante la visión de sus padres desnudos.

¿Y qué pasa si los niños ven desnudos a sus padres de forma casual y se ponen nerviosos? Pues si preguntan se les explica, como ya he dicho, que ellos, cuando sean mayores, tendrán unos genitales parecidos.

## «¿Y si nos pillan en plena faena?»

Papá y mamá se despiertan un domingo por la mañana. Es primavera, los niños duermen... y se dejan llevar por la pasión. Pero, mientras hacen el amor, su hijita de cuatro años entra en su habitación. Ya sé que es difícil reaccionar con serenidad en una situación así. Pero lo mejor es taparse para que el hijo vea lo menos posible, y sin gritos, aspavientos o dramatismos, porque, si no, éste se asustaría. Sería conveniente que el niño saliera de la habitación. Y que, como mínimo, uno de los padres saliera vestido y se comportara con toda la naturalidad del mundo.

¿Qué hay que explicarle? Si el niño no pregunta, no hay que explicarle nada. No querer saber es un derecho. Si el niño no pregunta, quiere decir que o no le interesa lo que estaba pasando o que prefiere no saberlo. Y esta opción también hay que respetarla, porque significa que su psique no está preparada para la respuesta. No se va a traumatizar ni nada. Se olvidará al poco tiempo y ya está. Si a los adultos, aunque tengan 30 años, les cuesta imaginarse a sus padres haciendo el amor, mucho más le costará esta idea a un niño. Si pregunta se le contesta con franqueza: «Pues estábamos haciendo el amor, porque mamá y papá se quieren, y cuando las parejas se quieren y son mayores hacen el amor.» Poco más. Si insisten, hay que seguir con esta respuesta o alguna versión parecida. Y, luego, hay que ponerse un pestillo en la puerta.

## ¿Por qué es saludable la represión sexual?

La palabra «represión» tiene connotaciones negativas, como si fuera algo malo. Reprimir es prohibir o prohibirse ciertos deseos o conocimientos. En el plano sexual, hay una represión sexual sana para los niños. Los niños no están preparados ni mental ni físicamente para acceder a lo sexual de la misma forma que los adultos. Así que reprimirles ciertos conocimientos, impedirles ciertas visiones, es sano para ellos. Ayuda a diferenciar el mundo de los adultos del mundo de los niños. Está bien que la sexualidad sea un tabú para los niños, porque ayuda a formar el psiquismo. Los niños no pueden ver películas en las que haya contenido erótico. Y a nadie en su sano juicio se le ocurre dejar a un niño que vea una escena sexual explícita, por muy natural que sea que los adultos practiquen sexo.

# ¿Por qué suspende en la escuela?

Si un niño empieza a suspender en la escuela, algo está pasando. Hay niños a los que desde siempre les ha costado aprobar. Niños que tienen más dificultad para estudiar y aprobar. Pero si un niño ha ido más o menos bien y, de repente, empieza a suspender, es probable que esté deprimido o que haya sucedido algo en su vida que lo inquieta.

## ¿Qué le está pasando?

Los niños deprimidos tienen menos energía y les cuesta mucho poner interés en las cosas que antes les interesaban. Habrá que ayudarlo a superar su depresión (hablo de la depresión infantil en el capítulo «Mi hijo parece triste o deprimido») para que, poco a poco, pueda volver a interesarse por los estudios como antes.

En el caso de que no esté deprimido, seguramente hay algo que lo angustia y le impide rendir como antes. Los niños son como esponjas que lo absorben todo. Pueden estar angustiados si sus padres se acaban de separar o están en crisis, si ha muerto alguien cercano, si la familia se acaba de mudar, si sufre acoso escolar... Como decía, si un niño ha ido aprobando e, incluso, sacando buenas notas y de repente suspende cuatro asignaturas, es necesario encontrar el origen de su angustia. Esa angustia puede manifestarse como problemas para estar atento en clase, por ejemplo, o como un exceso de nervios cuando tiene que hacer un examen.

Si los padres no son capaces de detectar qué está angustiando al niño, recomiendo que acudan al psicólogo clínico o el psicoanalista. Una vez que se ha encontrado la causa de la angustia, habrá que ver qué se puede hacer. Si los padres están en crisis como pareja, tendrán que esforzarse para superarla y, si no pueden, quizá es el momento de tomar una decisión más drástica.

## «¿Cómo podemos ayudarlo?»

En todo caso, aparte de tratar el origen de la angustia, los padres pueden ayudar a su hijo para que vuelva a recuperar el nivel de antaño en la escuela. Por ejemplo, es muy importante que el niño sienta que sus padres no lo culpabilizan por suspender. Un niño que siempre ha ido bien en la escuela, bastante mal se sentirá con suspender. Así que no lo ayuda que los padres lo castiguen. Lo que lo ayuda es hacerle sentir que sus padres entienden que está pasando por una época complicada y que por eso suspende.

Además, es positivo estar más encima de él a la hora de hacer los deberes. Y, sobre todo, los días previos a un examen habrá que dedicarle más atención y amor todavía. Muchos niños sufren cuando tienen que realizar un examen, y muchos padres no se dan cuenta.

## La educación no puede depender únicamente de la escuela

Algunos padres delegan completamente en los demás aspectos fundamentales de la vida de su hijo. El pediatra se ocupa de su salud, la escuela se ocupa de su educación, uno de los miembros de la pareja es el que se ocupa siempre de las comidas... Hay padres que consideran que la escuela es la única responsable de la educación de sus hijos. El niño va a la escuela a aprender y en casa hace los deberes. Bien. Y si el niño no pide ayuda para hacer los deberes, hay padres que se limitan a firmar las notas cuando toca. Pero no es aconsejable desentenderse de un aspecto tan fundamental para los hijos como es el de su educación. Aunque, quizá, de este modo, cuando el niño saca malas notas es más fácil pensar que «es culpa del colegio».

¿A usted le costaba alguna asignatura en concreto cuando era niño?, ¿cómo lo ayudaron sus padres o cómo le hubiera gustado que lo ayudaran? Si a un niño le cuestan las matemáticas, creo que es bueno ponerse a estudiar con él. Además, estudiar no tiene por qué ser algo aburrido. Si le cuestan las mates, los padres pueden jugar con el niño a hacer cálculos, como sumar los números de las matrículas de los coches cuando van por la calle. Todos sabemos que si un niño consigue ver la parte lúdica de algo, se esfuerza mucho más. Si al niño le cuesta leer, ¿por qué no leer con él un cuento cada día? No por la noche, cuando esté medio dormido, sino por la tarde, cuando aún tenga energía.

## La pasión por aprender

Los psicoanalistas empleamos una expresión bastante sonora para hablar del placer que encuentran los niños en preguntar y preguntar y volver a preguntar. Hablamos de la «pulsión epistemofílica», es decir, la pulsión por el conocimiento. Personalmente, me encanta la pasión por aprender que tienen muchos niños. El origen del querer saber en los niños es su curiosidad por saber de dónde venimos. Por eso, como ya he señalado en el capítulo «Mi hijo me pregunta sobre sexo o de dónde vienen los niños», es tan importante responder con sinceridad, paciencia y un lenguaje adecuado a sus preguntas sobre su propio origen. Así se anima a los niños a que quieran seguir preguntando y aprendiendo.

Y también es importante seguir cultivando a lo largo de la infancia su pasión por el saber. Hay una etapa en la que los niños preguntan el porqué de muchísimas cosas. Empieza hacia los tres años de edad. Pueden llegar a ser, como bien saben muchos padres, muy insistentes. Hay que intentar responder a sus preguntas para estimular sus ganas de aprender. «Pero no puedo saberlo todo.» Es evidente. Si no se conoce la respuesta a alguna pregunta, los padres pueden decirle: «Bueno, vamos a buscar juntos la respuesta en internet» o «no sé la respuesta, pregúntale a tu profesor».

A veces, los padres no tienen más tiempo para seguir hablando o quieren descansar, así que hay que cortar la conversación. Pero no hay que hacerlo de una forma brusca o que desilusione al niño. No veo por qué hay que decir: «¡Eso a ti no te importa!» o frases similares. Vale con un: «Ahora no podemos seguir hablando porque tenemos que ir a dormir.» Tampoco me parece que sea muy conveniente responder a todas sus preguntas hasta colmar totalmente su curiosidad. Con la curiosidad ocurre lo mismo que con el hambre, no es muy aconsejable saciarla completamente porque te puedes empachar. Los niños que preguntan mucho son niños muy sanos mentalmente. Lo que es preocupante es que un niño no pregunte, no se interese por su entorno, no quiera saber cómo ha llegado él a la vida.

## Toca elegir colegio

En mi barrio, muchas personas saben que soy psicoanalista y que trabajo con niños. Cuanto estamos en la época en la que hay que decidir el colegio al que se apuntará al niño, a veces me paran para consultarme cuál es el mejor para sus hijos.

Y es que no todos los colegios son iguales. Hay que informarse bien de lo que se puede encontrar el niño. Hay colegios religiosos, hay colegios rígidos, hay colegios en los que se integra a niños con discapacidad... Algunos padres me han dicho que «a mí me da igual cómo sea el colegio; yo cojo el que está aquí al lado y así puedo dormir un poco más». Evidentemente, no es el mejor criterio.

Hay que tener en cuenta cómo es el colegio, pero también los valores de los padres y lo que necesita el niño. Hay niños que necesitan escuelas que no sean muy rígidas, y si van a una escuela muy rígida (que exige un elevado rendimiento o que pide a los niños que hagan muchos deberes) lo pueden pasar mal. Muchos padres se preocupan mucho del nivel de enseñanza de la escuela, cuando creo que son más relevantes factores como si la escuela acepta a niños con discapacidad. Hay padres que creen que estos niños harán que baje el nivel de enseñanza. Pero yo considero que es positivo porque permite que el niño aprenda a vivir con personas diferentes.

En mi opinión, una buena pregunta que se pueden hacer los padres cuando tienen que elegir colegio para su hijo es: ¿qué colegio va a potenciar más la pasión por aprender de mi hijo? Los padres son quienes mejor conocen a sus hijos. Por ejemplo, hay colegios en los que los alumnos pueden elegir algunos de los temas que se van a estudiar. O que adaptan el currículo escolar al niño. Es decir, cuando un niño tiene dificultades concretas o mucha facilidad para una materia, el colegio adapta el currículo (lo que se supone que un niño debe aprender en un año) a sus capacidades. Los colegios muy rígidos no hacen muchas adaptaciones curriculares y se limitan a dar lo que corresponde a toda la clase como si todos los niños fueran iguales. Creo que la adaptación curricular es una buena forma de potenciar la pasión por aprender.

De todos modos, hay que aceptar que no se va a encontrar el colegio perfecto. Todos tendrán alguna pega. Y tampoco creo que haya que buscar el mejor colegio a una hora en coche. Muchos niños llegan al colegio medio dormidos porque tienen que levantarse muy pronto, ya que les espera un largo viaje en coche. Además, es importante que el colegio esté en el mismo barrio, para facilitar las relaciones entre los compañeros.

Una vez elegido el colegio, hay que depositar toda la confianza en él. Tiene que haber un diálogo cordial con los profesores. Y, tomen éstos la decisión que tomen, aunque sea suspender al niño, creo que es necesario mostrarles respeto siempre. De este modo, será más fácil que los niños respeten a los profesores en clase.

# Mi hijo, ¿superdotado?

He visto en mi consulta algunos casos de niños que habían sido etiquetados como superdotados (o con altas capacidades, como se dice hoy en día), pero que tenían muchos problemas emocionales o para desenvolverse en su vida cotidiana por esa condición.

Porque, en realidad, ¿qué es un niño superdotado? un niño que suele sacar muy buenas notas, que obtiene resultados muy elevados en los test de inteligencia y que es etiquetado como superdotado por un grupo de especialistas. Son niños que tienen mucha facilidad para la mayoría de las asignaturas y de las áreas de aprendizaje. Aprenden a leer y escribir rápidamente, son muy buenos en matemáticas, tienen mucha memoria... Dicho así, parece que todo son ventajas. Y algunos son niños sanos, felices, con una vida equilibrada. Pero lo cierto es que muchos niños superdotados lo pasan mal porque se sienten diferentes y porque les tratan de forma diferente que al resto de sus compañeros.

## La marginalidad de los que están por encima de la norma

Se habla mucho de la marginalidad de los que están por debajo de la norma. Pero la marginalidad de los que están muy por encima también puede ser complicada. A veces, cuando se detecta que un niño es superdotado, se crea una especie de alborozo en la familia y el colegio. Como si ese niño pasara a ser una estrella, alguien especial. Y uno de los principales riesgos es que los compañeros le hagan el vacío o se burlen de él. Por envidia, seguro, pero las consecuencias para el niño pueden ser muy duras. Creo que todos sabemos que los niños pueden ser crueles con los compañeros que son diferentes, algo gorditos, con muchos granos o muy listos.

## Superdotado y superharto de sus padres

Tuve el caso de un niño al que los padres, desde que el pequeño tenía un par o tres de años, lo entrenaban para que fuera el más listo de la clase. Horas y horas enseñándole a leer, escribir, matemáticas... A un nivel mucho más avanzado que sus compañeros de su misma edad. Y lo consiguieron. Lograron que su hijo fuera el más listo de la clase. A los diez años, tenía conocimientos casi universitarios en algunas materias. Pero también lograron que se convirtiera en un niño muy desgraciado.

¿Jugaba ese niño? No, estudiaba todo el tiempo. No sabía relacionarse con sus compañeros, así que no tenía amigos. Era un auténtico coco, pero le costaba horrores desenvolverse en la vida cotidiana. Por ejemplo, cuando tenía diez años yo le pedía que viniera andando desde la parada de metro, a cinco minutos de mi consulta, para que tomara un poco de contacto con la realidad. Pero se perdía. Era un as entre libros, pero salía a la calle y se sentía desamparado. Además de que sufría migrañas y problemas para controlar sus ganas de orinar por la noche. A veces, sentía que la cabeza estaba a punto de explotarle. Estaba completamente harto de sus padres y pedía socorro a gritos.

Pero éstos no lo entendían, porque decían que, con la vida que le daban, con los premios que el niño conseguía en algunos concursos, cómo podía ser que su hijo no estuviera bien.

El primer día que vino a consulta, había empollado a la perfección cómo trabaja un psicoanalista. Me decía cosas del estilo: «Como escribió Sigmund Freud en su libro sobre...» Pero un niño de diez años no tiene que estar leyendo a Sigmund Freud. Era un genio, de acuerdo, pero se sentía vacío. Los padres no le daban afecto, no le daban cariño, no le decían que era muy guapo y que lo querían mucho. Le daban a entender que lo querían sólo en la medida que era un genio.

## «Vale, pero, entonces, ¿qué hago? ¿Lo animo a que explote su inteligencia o no?»

Piense qué será más saludable para su hijo: ¿llevar una vida normal o exprimir su superdotación? Considero que la actitud más adecuada es la del equilibrio: no alimentar la condición de estrella del niño superdotado si eso va a dificultar la vida cotidiana que debe llevar un niño. Lo importante es que disfrute de una vida tan normal como sea posible. ¿Vale la pena perderse un cumpleaños de un amigo o no poder pasar las tardes jugando al fútbol porque tiene que estudiar mucho?

Cuando vienen unos padres algo preocupados porque les acaban de decir que su hijo es superdotado, respiro tranquilo. Veo que esos padres son conscientes de que la etiqueta de la superdotación puede ser un peso excesivo para su hijo. Pero, en ocasiones, vienen padres que quieren algo así como que entrene a su hijo para potenciar sus aptitudes. Quieren que fabriquemos un futuro genio. Padres que desean que su hijo de diez años se empiece a convertir ya en un gran matemático, en un gran científico, en un gran algo. Quieren que se le fomente la superdotación, me lo exigen a mí, se lo exigen a la escuela, se lo exigen al niño.

El caso que he explicado antes es algo extremo. Pero no es infrecuente que unos padres se emocionen mucho cuando les dicen que su hijo es superdotado. Sienten que ese hijo les va a dar un poco más de brillo a su vida. Hay padres que lo tratan como un geniecillo. Y el niño se puede creer muy especial, puede caer en la vanidad, lo que lo distanciará de los demás. Además, si alimentamos la creencia de que es mejor que los demás y de que siempre debe estar por encima de ellos, ¿cómo lo preparamos para las frustraciones que, inevitablemente, le llegarán en la vida?

Porque ¿qué es lo que verdaderamente va a preparar a un niño para poder manejarse en la vida? un niño tiene que cumplir con las asignaturas del colegio, pero también tiene que aprender a jugar, divertirse y relacionarse con otros niños. Si el niño está estudiando todo el tiempo, ¿cuándo puede jugar?

¿Qué pasó con el niño del caso que acabo de explicar? A medida que hacíamos más sesiones, empezó a mostrar más interés por el juego. Olvidaba los libros, no estudiaba tanto, y disfrutaba más de los juegos. Estaba más contento con la vida. Y sus padres interrumpieron el tratamiento.

Aunque, en otras ocasiones, tratamientos similares han llevado los padres (o el padre que estaba empeñado en criar a un genio) a que se dieran cuenta de que su hijo era más feliz estudiando algo menos y jugando algo más. Han aceptado que si la superdotación, y todo lo que ello conlleva, le impide disfrutar de estas áreas de la vida, no lo estamos ayudando a que sea un adulto equilibrado.

## Niños con talentos

Algo similar les ocurre a algunos padres cuando les dicen que su hijo tiene algún talento específico. Un superdotado es un niño con una gran inteligencia en muchas áreas, aunque sea más bueno en unas que en otras. En cambio, un niño con un talento específico tiene facilidad en un área en concreto, como matemáticas o lengua. Muchos padres también se emocionan al sentir que su hijo tiene un talento específico. Claro que es una ventaja ser muy bueno en matemáticas. Es una ventaja para aprobar la asignatura de matemáticas. Pero para poco más. Insisto, a riesgo de ser algo pesado: lo más importante para un niño es que sea un niño durante la infancia. Y eso implica jugar, relacionarse con los amigos y vivir con toda la despreocupación que pueda. Si se siente presionado por atajar etapas en matemáticas porque ha sido elegido para ello, podemos tener un problema.

## Pero a lo mejor se aburre

Es verdad que los niños superdotados o con algún talento específico corren el riesgo de aburrirse en clase. Las escuelas se encargan de adaptar los currículos escolares a estos niños. Pero, como decía, mi consejo sería que siempre hay que tener un ojo en lo que necesita el niño para estar motivado para aprender y lo que necesita el niño para estar equilibrado emocionalmente. A veces, a un niño con un talento específico para las matemáticas se le envía a la clase de matemáticas de un curso superior. Si eso no supone un terremoto en su vida social y emocional, bueno.

Aunque hay otra solución que casi me parece más conveniente: que el niño que tenga facilidad con las matemáticas ayude a otros niños con problemas para esa materia. Eso fomenta la solidaridad y el niño no se aburre. Y ¿por qué no reforzar otras áreas a un niño que tiene facilidad para las matemáticas? No todos estos niños quieren convertirse en unos geniecillos de su talento específico. Y, además, hay que dejar que aparezca espontáneamente el matemático que lleve dentro. Si es bueno con las mates, perfecto. Que viva su vida de niño. Probablemente, aprovechará esa habilidad en el futuro. Ya decidirá. Vale la pena recordar que Albert Einstein fue un estudiante más bien mediocre.

## Las asignaturas de la vida

Creo que es importante tener cuidado con transmitir a los niños la idea de que se les premia por destacar. Y no podemos hacerles creer que valen por lo que son capaces de rendir en un examen. No podemos arrojarlos a la selva de la competitividad.

¿Quieren los padres que sus hijos estén verdaderamente preparados para el día de mañana? En lugar de sobrealimentar su talento específico o su superdotación, envíen a un niño de diez años a comprar el pan, para que hable con adultos y asuma la responsabilidad de una compra; enséñenle cuáles son sus responsabilidades domésticas; que acompañe a su hermanito al colegio de vez en cuando; llévenlo a las fiestas de cumpleaños de sus amiguitos; observen cómo reacciona cuando tiene un problema con un amigo... Éstas son también asignaturas muy importantes que hay que ir aprobando para funcionar en la vida. Y así se entrena la inteligencia emocional. La que le prepara para funcionar en el mundo real. Esa inteligencia lo ayudará a salir de situaciones difíciles.

# Mi hijo, ¿un prodigio?

A veces, cuando me asomo a los alucinantes mundos que ofrece la televisión, veo programas en los que hay niños que cantan muy bien o bailan muy bien, o hacen algo muy bien. Los padres esperan entre bambalinas, al borde del llanto, casi histéricos, como si el futuro de su hijo y de su familia durante varias generaciones se dirimiera en esos cuatro minutos en los que su hija de nueve años canta una copla. Eso es lo que no entiendo. Niñas de nueve años cantando canciones para adultos que no saben casi ni lo que significan. Niños que hacen muy bien algunas volteretas.

En muchos casos, son niños que imitan lo que hacen los adultos y que han aprendido que para ser amados deben ser los mejores. Es indudable que tienen una habilidad, pero también se entrevén las horas, días y meses de entrenamiento, a costa, seguramente de la infancia. Y no creo que haga falta recordar cómo han acabado algunos niños prodigio que cantaban o bailaban como los ángeles. No han terminado sus días precisamente en el paraíso. Hacer sentir a un niño que vale únicamente por su habilidad o que toda su vida debe pasar por ella (sea el canto, la gimnasia, el fútbol...) es muy peligroso. Si un niño es bueno cantando claro que puede y debe cantar, pero, insisto, debe seguir llevando la vida que le toca a un niño.

## Un formato de éxito

Hace siete años, pensando en los programas de televisión que consumían muchas familias, mencioné en la primera edición de este libro el «Gran Hermano», advirtiendo de los riesgos que puede suponer que un niño vea ese programa. Desde entonces no han parado de prosperar los llamados *reality shows*. Ese formato televisivo en el que los personajes no son actores sino gente de a pie, gente como usted y como yo que, tocados por la varita mágica de la tele, se convierten en famosos (cuando no en héroes nacionales). Entre estos programas ocupan un lugar destacado los concursos o *talent shows*. Los hay de cualquier tipo y tienen tanto éxito que suelen ocupar las franjas de mayor audiencia. Gente que compite cantando, bailando, cocinando, confeccionando ropa, modelando... El primer programa suele mostrarnos las imágenes de las colas que se han formado a lo largo y ancho de todo el país para participar en el *casting*; pero sólo unos pocos afortunados serán seleccionados. Y de entre éstos, sólo uno alcanzará la gloria. El resto, dejará sudor y lágrimas ¡muchas lágrimas! en su paso por la pequeña-gran pantalla.

Pensemos un poquito en qué nos muestran estos programas. En primer lugar, quizá deberíamos dejar de hablar de telerrealidad y devolverle el término de ficción. Seamos honestos: nadie esferifica sepia al preparar la cena en casa, ni se confecciona sus propios vestidos, y lo más probable es que ninguno de nosotros lleguemos a ser la próxima estrella del pop nacional. Un ideal narcisista, como decimos los psicoanalistas, atraviesa estos concursos. Me refiero a esa fantasía de ser el mejor, de poderlo todo. El mundo de las pantallas, como ahondaré luego, fomenta en buena medida esa fantasía de omnipotencia. Con una tableta y desde la soledad de la habitación, uno puede sentir que tiene mil amigos en Facebook y dos mil seguidores en Twitter ¡Y sin mucho esfuerzo! Entonces, ¿por qué esforzarse a estudiar música? Si Bisbal pudo triunfar ¿por qué yo no? Estos programas nos atrapan porque en cierta medida nos permiten coquetear con la idea de que alcanzar la gloria es posible y que cualquiera de nosotros puede ocupar posiciones idealizadas del mundo actual, esas en las que el éxito y el dinero son los máximos representantes de la felicidad.

En segundo lugar, aunque el título *talent show* ponga el acento en el talento ¿de qué van exactamente estos programas? Exacto: de competir. De sobresalir por encima de los demás. No he visto ninguno en el que se premie la colaboración o el compañerismo. Es más, a menudo el morbo para la audiencia reside en los enfrentamientos entre concursantes. No es de extrañar que programas así encajen tan bien en una sociedad que premia el éxito personal por encima de los logros colectivos, que fomenta la competitividad por encima de la colaboración.

Bien, ahora preguntémonos qué ideales queremos transmitir a nuestros hijos. Si bien es cierto que no podemos criarlos en una burbuja, y que ellos también deberán lidiar con las imposiciones del sistema capitalista que nos rige, competitivo por definición, es precisamente durante la infancia cuando los adultos responsables de su educación debemos insistir en la importancia de ciertos valores como el compañerismo, la colaboración. Porque luego no queremos que en el colegio se reproduzcan esquemas de dominiosumisión, ganadores y perdedores (sí: eso que hoy llamamos *bullying*), ¿verdad?

## Mi hijo quiere participar en un *reality show*

En vista del éxito que este formato televisivo tuvo con los adultos, pronto casi todos los programas de talentos sacaron su versión *junior*. Y de repente los concursantes (esos que compiten, lloran, hacen horas de cola para un *casting*), tienen nueve, siete, cinco años... Y desde nuestra televisión, a menudo en un horario en que un niño debería estar cenando o durmiendo, vemos adultos en miniatura, manejando cuchillos y fogones, maquillados y ataviados como estrellas del rock. Es quizá una de las exhibiciones más evidentes de lo que podemos llamar la adultificación de la infancia. Todo ese capitalismo neoliberal, asentado en la competitividad y lo que llaman «la orientación hacia el éxito» invade la infancia y el niño tiene que competir con sus pares para entrar en un mundo de adultos, de forma precoz ¡y en directo! ¿Qué niño necesita cocinar como Ferran Adrià? ¿Es que acaso lo pondrán a trabajar una vez supere la gran final?

La pregunta que me hago cuando veo estos programas es ¿realmente van dirigidos a los niños? Para acercarnos a una respuesta es necesario introducir algunos conceptos psicoanalíticos. Es evidente que esos niños no han ido solos al plató ni han firmado todos los formularios y permisos sobre sus derechos de imagen. Hay un adulto detrás que responde por ellos y que probablemente esté fomentando la participación del crío en el programa. Son adultos que proyectan en los hijos la posibilidad de que éstos realicen los deseos y fantasías que, por los motivos que sean, ellos mismos soñaron y nunca alcanzaron. Y muy probablemente no son conscientes de ello: como digo en varios momentos a lo largo de este libro, los psicoanalistas trabajamos con esa parte inconsciente de la personalidad de la que no tenemos noticia en el mismo sentido que nuestras aspiraciones y fantasías conscientes. Ese narcisismo parental herido sospecha (insisto: inconscientemente) que encontrará su curación en la generación siguiente, que deberá cumplir todos sus deseos insatisfechos. Hablo de un irremediable interjuego que se da entre los deseos que los padres proyectan en sus hijos, que reciben pasivamente esas proyecciones a modo de mandatos. Los hijos interiorizan los deseos de los padres, y se identifican con todo lo que éstos han proyectado sobre ellos.

Ojo, que nadie se alarme. Que un padre desee lo mejor para su hijo es muy sano. Los deseos de mejoría que una generación proyecta sobre la siguiente son motor del desarrollo humano. Pero obligar a triunfar o a resarcir los propios fracasos, es algo muy distinto y termina inculcando en el niño un mandato imposible de alcanzar. El niño corre el riesgo de quedar atrapado en lo que llamamos un Yo ideal: su identidad se sostiene por una orden, la de ser el mejor.

## Cuando la cámara es la mirada de papá y mamá

Las versiones *junior* de los *talent shows* son especialmente gráficas para ilustrar el proceso al que hago referencia, pero son excepcionales. En la mayoría de los casos no se emite por televisión este interjuego de proyecciones e identificaciones entre padres e hijos. No hay más cámaras grabando que la de los móviles de papá y mamá. Pero basta ir a ver un partido de fútbol infantil, o entrar en un aula antes de un examen importante, para comprobar los nervios con los que muchos niños encaran ese mandato que reciben de sus padres. Porque cuando un niño tiene que satisfacer a cualquier precio el narcisismo de sus padres, atrapado en ese Yo ideal, y cumplir con la orden de ser el mejor en matemáticas o jugando al fútbol, sufre muchísima presión. Puede que no haya público, pero en la cabeza del niño hay una audiencia expectante por verlo triunfar. Ellos, al introyectar e identificarse con los deseos de sus padres, en cierto modo han aprendido que si quieren seguir siendo amados, no pueden fracasar. Y hay un derecho que pertenece a todos los niños y que debemos defender: el derecho a equivocarse, y a aprender de sus errores.

Insisto, no dejen de desear los mejor para sus hijos. Los padres que alientan y apoyan el desarrollo de un niño, confiando en sus capacidades y en el tiempo que tiene por delante para aprender, fomentan el desarrollo del Ideal del Yo que, a diferencia del mandato del Yo ideal, constituye esa instancia psíquica que es motor de nuestros proyectos y metas. Pero para que el Yo ideal (que ordena y manda a triunfar) deje paso al Ideal del Yo (que propone y alienta), los padres deben poder mirar a su hijo como alguien diferenciado de sí mismos, con sus propios deseos e intereses. Por supuesto que los deseos e intereses de un niño tendrán mucho que ver con los de sus padres, pero lo mejor es compartirlos divirtiéndose en familia, y no incorporarlos sufriendo.

## La alternativa... ¡Juguemos!

¿Vale que yo era cocinero y tú venías a mi restaurante? ¡Vale!

Ésta es la mejor manera de que un niño disfrute de su interés por la cocina. La propuesta que hacemos desde el psicoanálisis es ¡juguemos! juguemos a cantar y bailar, a cocinar, a disfrazarnos, juguemos mucho. Porque cuando entramos en ese mundo del «como si», el mundo del juego, desafiamos la realidad y podemos imaginarnos en los mejores teatros de Broadway, y pasarlo bien, sin sufrir por los aplausos. Lo opuesto al juego no es el aburrimiento, sino la realidad. No en vano, Winnicott, uno de los psicoanalistas infantiles más influyentes, tituló uno de sus trabajos más importantes «Realidad y Juego». Fomentar el deseo de aprender y de desarrollarse de los niños pasa por *poner en juego* ese deseo. Y no por apuntarlo a la mejor escuela de fútbol de la ciudad para que sea el próximo crack del Barça, porque desde ese momento, el niño deja de jugar y empieza a preocuparse por el triunfo y el fracaso. Y los niños tienen que poder fracasar todo lo que necesiten.

Cantar bajo la ducha imaginando ser Rosalía no es lo mismo que ir a un *casting*, maquillarse, ensayar horas y horas, pasar por pruebas, ver a papá y mamá nerviosos... Los niños necesitan divertirse, no ser los mejores. Y merecen disfrutar de ese tiempo de juego y diversión antes de que esta sociedad capitalista aplastante obligue a abandonar los juguetes demasiado temprano y ponerse a producir, como desafortunadamente sucede en tantas partes del mundo.

# Después del cole, ¿más actividades extraescolares?

Ya sabemos que las sociedades ideales no existen. Pero vamos a jugar a que vivimos en una de ellas. En una sociedad ideal, los horarios laborales de los padres coincidirían con los horarios escolares de los hijos. Así, los padres podrían llevar a sus hijos al colegio. Por la tarde, irían a recogerlos, disfrutarían de un agradable rato en el parque e irían a casa a relajarse y cenar. Además, los fines de semana los padres no trabajarían, podrían dormir bien y estarían descansados para disfrutar del tiempo libre con sus hijos. Suena bien, ¿no?

Bueno, aterricemos de nuevo en la realidad. Y ésta es que muchos padres acaban de trabajar a las siete, las ocho o las nueve de la noche..., mientras que sus hijos acaban mucho antes la jornada escolar. Además, bastantes padres también tienen que trabajar los fines de semana. Si uno de los padres tiene un horario que se adapta al del colegio, o uno de los padres (o los dos, algo desgraciadamente demasiado habitual hoy en día) no trabaja, por lo menos se soluciona el problema de qué hacer con el niño después de clase.

## Y después del cole, más obligaciones

Pero es muy habitual que la agenda de los niños esté cargada de actividades extraescolares. Muchas de las cuales funcionan como un garaje. Hay niños que, después de clase, dos días a la semana tienen que ir a la piscina, dos días tienen que tocar el violín, otro, hacen refuerzo de inglés y, en medio, se encaja alguna clase de artes marciales. Y ese nivel de actividad, más propio de la atareada agenda de un yuppie, empieza muchas veces a muy temprana edad.

Así que creo que sería interesante que los padres se pregunten las razones de que sus hijos realicen actividades extraescolares. ¿Su hijo va a natación porque realmente él quiere?, ¿es necesario que su hijo haga refuerzo de inglés tres tardes a la semana?, ¿quién propuso que su hijo aprendiera a tocar un instrumento?

## ¿Cómo tendría que ser una actividad extraescolar?

Lo ideal sería que el niño eligiera si quiere hacer alguna actividad escolar y cuál quiere realizar. Cuando usted acaba de trabajar, ¿qué tipo de actividades le gusta realizar? Si el niño quiere hacer alguna actividad extraescolar, o no hay más remedio que apuntarlo a una de ellas porque nadie se puede hacer cargo del niño, las más adecuadas son aquellas que son lúdicas, creativas, divertidas, relajantes.

Los niños ya tienen su ración de obligaciones cuando están en la escuela o cuando hacen sus deberes. Si hay que apuntarlos a alguna actividad, lo mejor es que sea lo más divertida y despreocupada para ellos. Algunos padres parten de la idea de que: «Mi hijo tiene que aprender taekwondo y empezar a hablar alemán.» Se supone que en el colegio ya realiza alguna actividad física y que también estudia inglés. Pero a veces es más fácil apuntar al niño a clases de artes marciales (es curioso que en un país como España haya tantas y tantas academias de artes marciales) que a un taller de teatro infantil (más escasos, pero son un lugar en el que el niño dejaría volar su imaginación).

Muchos padres están casi obsesionados con que las actividades extraescolares sean muy prácticas. Me da la impresión de que muchas de esas actividades tan prácticas se hacen más bien para tranquilizar a los padres. Para que crean que su hijo va a estar muy preparado. Por eso, muchas actividades extraescolares suelen estar relacionadas con ideales de los padres, que quieren que su hijo aprenda danza, música o un arte marcial. Evidentemente no hay nada malo en estas actividades. Siempre y cuando practicarlas responda a un deseo del niño.

Y hay situaciones más extremas. ¿Ha asistido usted a algún partido de fútbol o baloncesto escolar? ¿Ha visto cómo animan algunos padres a sus hijos? Gritan histéricos, insultan al árbitro, se alegran cuando un contrario se cae... Da la impresión de que algunos padres encuentran en estas actividades de sus hijos la excusa ideal para proyectar sus frustraciones.

## Hoy no quiero ir a violín

Muchos adultos juegan al fútbol los sábados o van a clases de aeróbic los martes y los jueves o salen a correr de vez en cuando. Y si un día no van, porque no les apetece o por el motivo que sea, no pasa nada. En cambio, cuando un niño dice que hoy no tiene ganas de ir a tocar el violín, es frecuente que se monte un pequeño psicodrama. Y los padres dicen: «Pero si tú decidiste que querías tocar violín» o «Las clases son demasiado caras para que te pierdas una». Volvemos a convertir una actividad extraescolar, que es un extra, en algo que tiene el mismo grado de obligatoriedad que la escuela. Si un niño prefiere quedarse una tarde en casa en lugar de ir a la actividad que le toque ese día, no pasa absolutamente nada. No se va a convertir necesariamente en un gandul. Simplemente, un día no le apetece.

Y a veces ocurre algo similar con la elección de la actividad. Un niño de siete años les dice a sus padres que quiere tocar la guitarra. Los padres lo apuntan a una academia. Y a las ocho clases el niño está aburrido de tocar la guitarra y dice que quiere probar con el piano. Otro problema: «Pero si tú elegiste tocar la guitarra.» Sí, claro, pero es que el niño tiene siete años y aún no es capaz de saber si va a querer ser guitarrista toda su vida. Está en una edad en la que todavía debe experimentar para saber qué es lo que le gusta y qué es lo que no. Ya tendrá tiempo cuando sea adulto de agobiarse con las decisiones trascendentales.

## Exprimir el tiempo con los hijos

Hay realidades que no se pueden cambiar. Si un padre trabaja hasta las diez de la noche y de lunes a sábado, apenas tendrá tiempo de ver a sus hijos. ¿Qué es lo mejor que puede hacer? Aprovechar al máximo el tiempo, aunque sea poco, que pueda pasar con sus hijos. Si sólo puede ver a sus hijos por la mañana, mi consejo sería que se encargara él de despertar a sus hijos, vestirlos, darles el desayuno, llevarlos al colegio... Con todo el cariño y la entrega que pueda. Si un padre tiene la suerte de pasar mucho tiempo con sus hijos, muchas de estas actividades cotidianas las puede realizar más como un trámite. Pero el padre que apenas puede ver a sus hijos tiene que exprimir al máximo el tiempo que pase con ellos. El tiempo de calidad que ayuda a formar un buen vínculo no es simplemente el tiempo de ocio en el cine o el parque. Disfrutar con los hijos de las actividades cotidianas es una buena forma de construir el vínculo.

## El *dolce far niente*

O, lo que es lo mismo, perder el tiempo gloriosamente haciendo lo que a uno lo apetece. ¿Qué tiene que hacer, en mi opinión, un niño cuando deja de estudiar? Divertirse. Pero, como nuestra sociedad es tan competitiva, parece que dejar que los niños pasen las tardes haciendo nada es un pecado. Claro que muchos padres no pueden encargarse de sus hijos por las tardes porque están trabajando. Pero hay otros muchos, como veo en mi consulta, que se angustian si su hijo no aprende a tocar el violín, o logra el cinturón naranja de karate o no hable bien inglés antes de los nueve años. O que, cosa que también veo, no tienen muchas ganas de ocuparse de sus hijos por la tarde porque les parece una tarea pesada. Les resulta agotador. Porque los niños son muy tiernos, pero también exigen multitud de tareas y obligaciones cotidianas. Así que los apuntan a mil y una actividades extraescolares. Sin olvidar que da la impresión de que, en nuestra sociedad, estar desocupado es algo malo.

Y, aunque parezca una obviedad, un niño es un niño. No es un adulto en miniatura, con las mismas neuras y angustias que éste. Seguramente, cuando los niños sean mayores participarán de las mismas prisas que nosotros, pero ahora que están en la infancia hay que dejar que disfruten de ella. Estamos viendo que hay niños que van muy exigidos, muy presionados, que no tienen tiempo para hacer lo que les pide el cuerpo: jugar despreocupadamente. A los niños les encanta aprovechar el tiempo perdiéndolo maravillosamente con sus juegos, con sus inventos, con sus fantasías. Lo que necesitan la mayoría de los niños después de pasar varias horas sentados ante un pupitre es un poco de diversión o de no hacer nada. Y eso también los prepara para la vida: disfrutar del juego, aburrirse en casa, tener que inventarse un juego nuevo porque tienen toda la tarde para ellos. No hacer nada forma parte de la vida. Y obliga a los niños a estrujar su imaginación para encontrar algo que hacer.

# ¿Es sano que un niño se aburra?

El psicoanalista Donald Winnicott (1896-1971) decía que «la capacidad para estar a solas constituye uno de los signos más importantes de madurez del desarrollo emocional». Los niños tienen que aprender a estar a solas. Aunque suene contradictorio, es saludable que se aburran, porque, de este modo, pondrán en marcha su creatividad. Tendrán que buscarse la vida para distraerse. A los niños les encanta jugar y dibujar. Pero para que los niños aprendan a jugar y dibujar hay que dejarles tiempo y espacio para que estén consigo mismos. Y hay que empezar desde que son bien pequeñitos.

## Los bebés también necesitan estar solos

Los bebés tienen que aprender que sus padres no pueden estar siempre pendientes de ellos. Por eso es recomendable dejar al niño solo en su cunita, el parque, el cochecito... Siempre que se trate de un lugar seguro, claro. ¿Qué solemos hacer los adultos, inteligentemente, cuando dejamos a un bebé solo? Pues lo dejamos en compañía de un muñequito o de un sonajero. Algo que tenga colores, que haga un ruido atractivo al moverlo, que se pueda morder... En caso contrario, el niño intentará coger la sabanita o sus pies. El niño busca algo que sea diferente a su propia mano. Es un impulso propio de todos los bebés desde que tienen pocas semanas de vida. Incluso, se han descubierto sonajeros de la época de los neandertales.

Cuando los bebés se quedan solos, cuando pierden de vista a su figura de referencia, se angustian. Por eso son tan útiles esos muñequitos o sonajeros que dejamos con ellos. Les ayudan a sentir que están en un lugar seguro, ya que interaccionan con esos objetos y se calman. Digamos que esta interacción es la antesala del juego. Los objetos sustituyen a la figura de referencia. Les permiten a los niños esperar con tranquilidad a que su mamá o su papá regresen. Y los psicoanalistas los llamamos «objetos transicionales». El momento y el espacio de relación con esos objetos se denomina «espacio transicional». Como ya he explicado en la introducción, se trata de un espacio que está a medio camino entre la realidad y la fantasía.

## Dejemos que los niños se aburran

Si los niños pequeños están con su madre o su padre, ya están contentos. No necesitan nada más. En cambio, cuando los padres se alejan y dejan solo a su hijo, éste se angustia y se aburre. Y ¿qué hace el niño que se angustia y se aburre? Si uno de los padres no vuelve, se pondrá a jugar. Pero muchos adultos parecen tener miedo a que sus hijos se angustien y se aburran. Así que, ante el primer reclamo del niño para que le hagan caso, los padres llegan corriendo para distraerlo o le ponen una película en la televisión o le acercan la videoconsola o le dejan el teléfono móvil o... Tapan su angustia y su aburrimiento, por lo que el niño no tiene que aprender a resolverlos por sí mismo.

Así que es recomendable dejar a los niños solos y dejar que se angustien y se aburran. No les pasará nada. De este modo, no tendrán más remedio que echar mano de la creatividad. Y aprenderán a estar alegres y disfrutar cuando juegan solos.

## ¿Quiere usted jugar con su hijo?

Uno de los mayores placeres de la vida, por lo menos desde mi punto de vista, es jugar con los niños. Creo que es importante dejarles la iniciativa a ellos, para estimular su creatividad y su responsabilidad. Es aconsejable que el niño sea el guionista del juego. Además, no creo que sea bueno dejarse ganar porque, de este modo, se infantiliza al niño. Si el niño está preparado para jugar al ajedrez, por ejemplo, también tiene que estar preparado para perder. Forma parte del juego.

En mi opinión, el aspecto fundamental de los juegos y los juguetes es que sean tan creativos como sea posible. Que los niños tengan que inventar sus propias reglas, que deban asumir nuevos roles, que exploren las posibilidades de su imaginación. Es mejor dejar a un niño con unas hojas blancas y unos colores, para que tenga que ponerse a dibujar lo que le apetezca, que esas libretas de dibujos en las que el niño está obligado a colorear unos dibujos sin salirse de unos límites. Los juguetes que les permiten hacer construcciones; los juegos de rol, en los que deben ponerse en la piel de diferentes personajes; el ajedrez, que exige planificar estrategias... Mucho mejor que apoltronarse a matar marcianitos sin ton ni son.

Por cierto, en esta época en la que hay tantos padres separados, sería interesante que las familias se coordinaran a la hora de hacer regalos. Muchos niños quedan apabullados por los numerosos y caros regalos de su madre, su padre, los abuelos paternos, los abuelos maternos... A veces, incluso, les regalan los mismos juguetes.

## «¿Y si juega a que se muere?»

Como ya he señalado en la introducción, jugar y dibujar es terapéutico para los niños. Los niños tienen tendencia a jugar a aquellas cosas que les preocupan o a dibujarlas. Por ejemplo, si se acaba de morir el abuelo, es habitual que un niño pequeño quiera jugar a que se muere. O si ha tenido que ir al dentista, querrá jugar a que él es el dentista y su papá es el paciente. O si ha visto que un niño de su clase se caía y se hacía una fea herida en la rodilla, querrá dibujar algo parecido. Jugar y dibujar les permite entender la realidad y es terapéutico. Por eso no hay que coartar este tipo de juegos o dibujos. Hay que acompañar a los niños y hacerles preguntas para que puedan hablar de lo que les pasa.

## «¿Y si mi hijo quiere una muñequita?»

¿Por qué no le da ese gusto y se la compra? No hay que tener miedo a que un niño quiera jugar a muñecas ni de que una niña juegue a ser futbolista. Estas aficiones no van a condicionar su orientación sexual. Muchos padres (incluso los más progres) se ponen muy nerviosos cuando entran en una juguetería con su hijo y éste les pide una cocinita. El niño ha ayudado a cocinar a su mamá, se lo ha pasado muy bien, y quiere una cocinita. ¿Qué problema hay? Tendrían que estar encantados. Pero hay padres que tienen miedo de que se vuelva un afeminado. Y tampoco ayuda que en la mayoría de las jugueterías haya una sección para niños y otra sección para niñas. No creo que sea recomendable seguir colaborando a construir una sociedad machista en la que los hombres no planchan o las mujeres son más mujeres si se maquillan.

Puede que al leer esto usted piense «esto ya no pasa». Bueno, pues sí pasa. Persisten en nuestra sociedad muchos prejuicios machistas que terminan influyendo en los juegos de los niños. Pero es cierto, hemos avanzado como sociedad y gracias a la lucha feminista hoy muchos padres no hacen distinciones por género de los juguetes que compran a sus hijos. Incluso algunos se sorprenden cuando su hija pide una *Barbie* o una princesa: «¿Cómo puede ser? ¡Si nosotros no le hemos transmitido ese modelo de mujer!» De nuevo, pueden darle el gusto. Jugar con princesas tampoco convertirá a la niña en una monárquica sometida a los deseos de un príncipe. Creo que del mismo modo que hay que vigilar que los prejuicios de los adultos no se inmiscuyan en los juegos de los niños, perpetuándose, tampoco hay que invadir la infancia de discursos y luchas propios del mundo de los adultos.

Entonces ¿Cómo educarlos en valores, digamos, progresistas, sin invadir el mundo infantil con temas de adultos? Reflexiono alrededor de este interrogante en capítulos posteriores dedicados a cuestiones como la identidad de género en la infancia, o en el capítulo dedicado a los cuentos. Porque ciertamente han evolucionado los discursos y las miradas en torno a estas cuestiones desde que se publicara este libro por primera vez, y merece la pena tomarse un tiempo para pensar sobre ello.

## Ese peluche tan especial

A los bebés y a los niños pequeños, tener en sus manos los objetos transicionales a los que hacía referencia al inicio del capítulo les da seguridad. Generalmente, suelen preferir uno o dos objetos, como un peluche o un sonajero. En su fantasía, el niño cree que él ha creado ese conejito azul de tacto tan agradable. Y de alguna forma es verdad: lo ha abrazado, lo ha mordido, lo ha babeado, lo ha roto... Por eso no hay que lavar esos juguetes (no hay que lavarlo muy a menudo, quiero decir), porque el niño tiene que reconocer su sabor y su olor. Hay niños que no pueden dormir sin su conejito de peluche.

# ¿Qué hacer con las pantallas?

Hace siete años, en la primera edición de este libro, dediqué un capítulo a la televisión; mejor dicho: a reflexionar sobre los efectos de que un niño pase muchas horas frente al televisor. Entonces hablé de la tele como «la invitada de honor» de muchos hogares, en los que se ha convertido en un miembro más de la familia (el miembro al que, desgraciadamente, a menudo se presta más atención). La tele está presente a la hora de desayunar, comer y cenar, prendida en los encuentros familiares... Comenté cómo incluso la tele ejerce de canguro: muchos niños pasan mucho tiempo delante del televisor, con la garantía de que el efecto hipnótico que les produce los mantendrá quietos.

Pues bien, hoy podemos decir que esa invitada de honor ha tenido *hijitos* y hoy son muchos los invitados que centran la atención de padres e hijos: móviles, tabletas, portátiles, consolas... La presencia de las pantallas en casa no ha dejado de crecer y lo ha hecho a un ritmo vertiginoso. Y es necesario poder detenerse, tomarse un tiempo, para pensar en los efectos y consecuencias de esa omnipresencia de las pantallas en nuestras vidas.

No cabe duda de que las nuevas tecnologías han revolucionado la manera de entender el mundo y a nosotros mismos: hoy no entendemos la política sin Twitter, las amistades sin Facebook, o no se concibe hacer un trabajo para el colegio sin internet. Yo mismo agendo pacientes a través de WhatsApp o atiendo a algunos telemáticamente; todo esto era impensable cuando me inicié en la profesión. Deslizar el dedo por una pantalla haciendo discurrir una sucesión de titulares prácticamente ha sustituido al antiguo hábito de leer detenidamente un artículo de prensa impresa.

Sería absurdo negar los avances de la tecnología. No es mi intención. Dejemos claro de entrada que no tiene ningún sentido demonizar las nuevas tecnologías, entre otras cosas, porque el mundo de las pantallas está aquí para quedarse y nosotros mismos ya no sabemos prescindir de ellas. Pero pasemos por alto las ventajas que tabletas y smartphones han supuesto y centrémonos en los posibles riesgos que su uso (o mejor dicho, su abuso) acarrea, sobre todo en los niños.

## La imagen por encima de la palabra

La cultura de la imagen ha ganado terreno a la cultura literaria, al relato, a la hora de describir la realidad: hoy la realidad no se describe, sino que se fotografía o se graba, y a ser posible, en riguroso directo. Ya en su día, al pensar sobre el efecto hipnótico que la televisión produce en los niños, llamé la atención sobre el efecto aturdidor que el discurrir de imágenes y sonido de la tele tiene en la imaginación. La palabra, dicha o escrita, permite que se pongan en juego los procesos imaginarios. Si le contamos un cuento a un niño, estamos favoreciendo que construya en su imaginación la trama y los personajes. Si el niño ve una película o una serie, le viene todo tan dado, que su imaginación no debe hacer ningún esfuerzo. Deviene un espectador atrapado en un estímulo ajeno.

Hoy el triunfo de la imagen por encima de la palabra es mucho más profundo. Hoy se anuncia la llegada de un hijo a través de ecografías (de una resolución impresionante) que circulan por los grupos de WhatsApp de los futuros padres, que ya no tienen que construir un pequeño relato sobre la etapa que se avecina, pues «una imagen vale más que mil palabras», o eso dicen. Piense en la escena: mucho antes de nacer, ese niño ya está atravesado por la tecnología, por una cultura de la imagen que sustituye al relato, ¡y ya está en la red! Pero será después de nacer cuando su huella digital sea más visible, y los móviles de padres y abuelos se inundarán de fotos y vídeos, que comparten en sus redes sociales. Will Smith, Brad Pitt y Angelina Jolie, David Beckham, por mencionar sólo algunos ejemplos, inundan sus perfiles de Instagram con imágenes sus hijos, siguiendo una moda compartida por millones de padres de todo el mundo a la que se ha bautizado como *sharenting* (combinación de *share + parenting*). Obviamente, detrás de los perfiles mencionados hay una industria millonaria de ropa y artilugios diversos para niños, pero detrás de todos los perfiles hay algo más profundo: el embelesamiento por la imagen. ¿Es malo mirar a un hijo y pensar que es el más guapo y mono del mundo? Por supuesto que no. Todo niño necesita atravesar esa etapa en la que el rostro de sus padres les devuelve todo lo bonitos y perfectos que son. Pero tan necesario es verse reflejado en ese rostro, pasar esa etapa de centrar todas las miradas y enamorar a todos, como poder dejarla atrás. ¿Recuerdan el mito de Narciso? Exacto: se ahogó enamorado de su propia imagen.

## La capacidad para estar a solas y para aburrirse

Como digo, en muchos casos, la televisión o el resto de las pantallas se usan a modo de parches, para tapar agujeros: para que los niños no se aburran, no molesten y los adultos podamos hacer nuestras cosas tranquilos. No me parece adecuado que, para tener al niño controlado, se utilice la televisión o el resto de las pantallas. Si unos padres no pueden atender a su hijo porque están ocupados, no es aconsejable que lo dejen enchufado dos horas y media ante una pantalla. Se crea una costumbre muy peligrosa, que es que el niño se enchufará a algo cada vez que sus padres no pueden estar por él. Cuando, en su lugar, podría ponerse a jugar, leer o dibujar solo. Cuando un niño pasa de ser mirado por una persona a mirar una pantalla, la capacidad para estar a solas se ve alterada, su vida comienza a construirse sobre la base de estímulos externos, no siempre procesables. Y el niño pierde cierta capacidad creativa. Además, es fundamental, para un buen desarrollo psicológico que los niños se relacionen con los demás, que hablen con sus padres o sus hermanos. Si buena parte del desarrollo va a recaer sobre un eje únicamente de imágenes, el desarrollo puede verse comprometido.

Como comento en el capítulo «Mi hijo se aburre», es fundamental que un niño sepa aburrirse porque es la única manera de que ponga en marcha la imaginación y se busque la vida para distraerse. Pero hoy el aburrimiento parece una enfermedad de la que hay que curarse rápidamente. Y a los adultos nos da miedo que nuestros niños se aburran: y tapamos su aburrimiento con una película, una tableta o un juego del móvil. Cuando hacemos un viaje largo en coche, cuando esperamos la paella en el restaurante, cuando hacemos cola..., les damos el móvil. Y así nos ahorramos los «¿Cuánto falta?, quiero llegar», «¿Cuándo llegamos?». Los mantenemos entretenidos, nos liberamos nosotros y las pantallas funcionan a modo de chupetes electrónicos. Antes, las situaciones de espera nos obligaban a buscar recursos de interacción: juegos de palabras, canciones, charlas aparentemente banales entre adultos y niños. Una madre, en mi consulta, fue especialmente elocuente cuando explicaba sus recursos para controlar la inquietud de su hijo: «Le doy el móvil y no hay niño.» ¡Exacto! En cierto modo desaparecen, porque desaparece la inquietud y vitalidad que definen a los niños. Piense un momento si tuvo hijos para hacerlos desaparecer.

## La inmediatez

Internet nos permite acceder a ingentes cantidades de información de manera instantánea. Clicando con un solo dedo sobre un enlace tenemos acceso a mucha más información de la que obtendríamos en una mañana entera en una biblioteca. Con una pantalla en el bolsillo, ya no tenemos que tolerar perdernos al emprender nuevas rutas, o sostener una duda por un tiempo.

Basta apretar un botón e inmediatamente acallamos cualquier inquietud o tapamos cualquier falta.

Los psicoanalistas defendemos que siempre hay que buscar el motivo o la causa del malestar en la historia personal y familiar de cada caso; no hay explicaciones universales válidas para todos. Pero tampoco se nos escapan los determinantes sociales o contextuales, que influyen en la manera en que se expresa ese malestar. Y por eso no nos sorprende que hoy el estrés, la desatención y la hiperactividad sean motivos de consulta destacados: en la cultura del zapping, el *fast food*, el *multitasking* y las conexiones instantáneas, no puede sorprendernos que niños, adolescentes y adultos expresen con su hiperactividad y sobreestimulación el nuevo régimen del tiempo.

El sociólogo y filósofo Zygmunt Bauman (1925-2017) acuñó el término de «modernidad líquida» o «mundo líquido» para hacer referencia a este mundo que, como todos los líquidos, no se mantiene inmóvil ni conserva su forma durante mucho tiempo. Las modas que seguimos, lo que deseamos y lo que aburrimos, las oportunidades y las amenazas, todo parece sometido a la lógica del cambio y la fugacidad. Pero un período de crecimiento y aprendizajes como es la infancia, requiere tiempo. Tiempo, paciencia y frustración. La infancia es un tiempo de incertidumbres, de hacerse preguntas que no siempre tienen una respuesta inmediata, hay que saber tolerar que muchas cosas no se comprenden, ni se comprenderán durante un largo tiempo. Es un tiempo abierto a lo inacabado.

Sé que no es fácil frustrar a un hijo sus deseos. Hay que aguantar rabietas, malas caras... Pero como vengo diciendo a lo largo de este libro, cuanto antes los niños estén en contacto con experiencias de espera y frustración —de tiempo y magnitud tolerables—, antes aprenderán a lidiar con los avatares de esta vida. ¿O es que alguien cree que podrá evitarles para siempre la espera y la frustración que impone un proyecto académico, por ejemplo, o cualquier tipo de proyecto personal?

## La curiosidad infantil

Lo inacabado, lo que no tiene respuesta, es lo que despierta curiosidad. Ya lo he comentado anteriormente: la curiosidad infantil es el motor del crecimiento y el aprendizaje. Y por eso los niños preguntan, abren puertas y cajones, experimentan con su cuerpo y con los objetos del entorno. Porque son curiosos. Investigadores permanentes de todo cuando sucede a su alrededor.

Corremos el riesgo de chafar la curiosidad de los niños cuando ponemos a su alcance herramientas que proporcionan todas las respuestas, o bien ofrecen contenidos tan hechos, tan cerrados, que no es necesario hacerse más preguntas.

No es casual que, cuando unos padres esperan un hijo, hagan lo que llamamos una pequeña regresión o retorno a esa curiosidad e incertidumbre infantil, y se hagan un sinfín de preguntas («¿Seré buen padre?», «¿Y si no me sale?», «¿Y si meto la pata?», «¿Y si...?»). Y es que, para poder conectar con un hijo, hay que poder hablar su idioma: hay que dejarse sorprender, no tener siempre todas las respuestas.

Pero parece que a los adultos nos cuesta sostener la curiosidad y la incertidumbre mucho tiempo: sacamos el móvil y se lo preguntamos a Google. Hoy proliferan aplicaciones que analizan el llanto de un bebé: escaneando al recién nacido y en cuestión de tres minutos, aplicativos como el *Cry Translator* prometen descifrar si llora por hambre, sueño, malestar o aburrimiento. (¡Como si eso fuera posible!) También existen los llamados monitores para bebés: colocando una banda elástica en el tobillo del niño se recibe de manera instantánea en el móvil todo tipo de información (su temperatura, ritmo cardíaco, los movimientos cuando duerme...) y permite predecir cuándo se despertará, para poder planificar las actividades mejor. Por supuesto todo queda grabado y puede ser enviado al pediatra.

Y así los padres no deben lidiar con esa angustia que despierta la incertidumbre, el no saber qué le pasa ni por qué llora. Pero a los creadores de estas aplicaciones se les olvida algo fundamental: esas dudas e inquietudes obligan a los padres a buscar respuestas, a construir pequeños relatos que puedan explicar el malestar del niño, a pensar, a hablar entre ellos y hablarle a su bebé. Y esas palabras son las primeras piedras del aparato psíquico del niño. En cierto modo, los padres *prestan* su pensamiento al bebé, del que esperamos que, algún día, él mismo pueda recurrir a su propio pensamiento para calmarse. Piénselo: ¿Por qué usted no se desespera al estilo de un bebé cuando tiene hambre? Exacto: porque puede pensar, puede construir una frase del estilo «vaya, se me ha hecho tarde, pero ahora iré al supermercado y compraré algo». Y el origen de esa capacidad está en la frase que probablemente su madre le dijo en su día; algo parecido a «ya, ya, debes de tener hambre, no te agobies, ahora te doy de comer».

La tecnología está ocupando espacios que antes ocupaba el sentido común. Y donde éste no llegaba, entonces se acudía a las generaciones anteriores o a la red de apoyos: y se preguntaba a una madre, una abuela, un amigo, cómo hacían ellos para dormirnos, cuándo nos daban de mamar. Y así, sin pretenderlo, conectábamos con nuestra propia historia como hijos de unos padres, y promovíamos ese proceso tan necesario para encontrar un lugar en el mundo: la identificación. Ese juego de semejanzas y diferencias que nos ayuda a ubicarnos en el seno de una familia, en un lugar entre la continuidad/pertenencia, y la diferencia/autenticidad.

## Y la curiosidad no cesa...

Más adelante, cuando los niños crecen, empujados por esa curiosidad, empezarán a hacernos preguntas. Algunas un poco incómodas. Es sano: todo ser humano en algún momento se inquieta por sus orígenes, por la sexualidad, por los enigmas del mundo. Y los niños se intrigan por los enigmas del mundo adulto. Insisto: es parte del proceso de hacerse mayor; un proceso atravesado por grandes enigmas (¿Qué es ser mayor? ¿Cómo me hago un hombre/una mujer?). Para dar respuesta a estos interrogantes, un niño mira arriba, a papá y mamá, sus principales modelos de identificación.

Hoy muchos padres me confiesan que acuden a la Wikipedia o a tutoriales de YouTube para responder a esas preguntas incómodas que hacen los niños. Algunos tutoriales son ciertamente muy «instructivos». Otros son de calidad más dudosa. Ya se sabe: internet contiene lo mejor y lo peor del género humano. El caso es que si, ante determinadas preguntas de los niños, los adultos mostramos incomodidad e incapacidad para dar una respuesta que los deje tranquilos y los enchufamos a una pantalla, estaremos enviando el mensaje de que sobre ciertos temas es mejor no hablar y acudir directamente a internet desde la soledad de la habitación. Y así es como tenemos los datos de consumo de pornografía entre niños y jóvenes: uno de cada cuatro niños menores de 17 años consumen pornografía *online*. Son jóvenes que acceden al mundo de las relaciones sexuales a través de imágenes, sin palabras, mucho más cercanas a la brutalidad que a la intimidad, el afecto y el respeto.

No conviene ser ingenuo en este terreno. Una parte de nosotros quiere pensar que nuestro hijo o hija será cándido e inocente de por vida. Pero insisto: la curiosidad sobre cuestiones tan trascendentales como el sexo —origen de la vida— es saludable en un niño. Y ese niño sano va a buscar «sexo» en su móvil o tableta. Pregúntese qué información quiere que maneje y conozca. Haga usted la prueba: escriba «sexo» en el buscador de Google y entre en los tres primeros enlaces ¿Qué efectos cree que tendrán esas imágenes en la cabeza de un niño?

Algunos apuestan por fomentar la educación sexual en las aulas para contrarrestar la imagen que difunde el porno. Es algo sobre lo que me han consultado bastantes maestros a lo largo de estos siete años. Creo necesario reflexionar profundamente sobre esta asignatura. Personalmente, creo que la educación sexual debería dejar de mostrar imágenes enciclopédicas de genitales y aparatos reproductores (hay clases que enseñan a poner un condón, como si eso requiriese un educador y no lo enseñase la vida), y empezar a hablar más de afectos. Cuando en las aulas de educación sexual se lea a Rimbaud y Benedetti, habremos ganado mucho.

## Las fronteras entre el mundo adulto y el mundo infantil

Cuando un niño puede acceder a pornografía desde su habitación, contemplar primeros planos más que explícitos de un coito, estamos ante la pérdida de un límite (sí: hablamos mucho de límites a lo largo de este libro, y es que son fundamentales). Me refiero al límite que separa el mundo adulto del mundo infantil. Como vengo diciendo, es lógico e incluso sano, que un niño quiera saber sobre el mundo adulto, pero hay ciertas barreras que es mejor no atravesar a ciertas edades, al menos solo. Porque si es demasiado pequeño, está solo, y accede sin control a cuestiones de adultos, va a quedar confundido. Para protegerlos, es necesario mantener ciertas fronteras controladas.

La televisión, y sus múltiples hijitos, ponen a cielo descubierto el mundo de los adultos: la violencia, el sexo, la política, la economía..., todo está disponible en el salón de casa.

Se habla mucho sobre cómo las llamadas «Nuevas Tecnologías de la Información y Comunicación» (NTIC) eliminan barreras espaciotemporales, pero quizá se hable menos de la disolución de la barrera entre lo infantil y lo adulto. Ya la televisión había preparado el terreno que ahora ahondan el resto de las pantallas. A diferencia de los libros, los periódicos y las revistas, los contenidos difundidos por las NTIC pueden consumirse sin necesidad de instrucción previa, y sin esfuerzo mental. Ya no hay una barrera (de aprendizajes, de esfuerzos, de ganas) que filtre quién accede a esa información, sino que ésta se inmiscuye en los sentidos de niños, jóvenes y adultos, sin distinción.

El principal efecto de este borrado de límites es lo que podemos llamar la adultificación de la infancia, o su reverso: la infantilización de la adultez.

Adultificamos a un niño cuando le damos una tableta con apenas meses de edad para que «juegue» con aplicaciones del estilo *Baby Einstein* y aprenda ¿física? antes que nadie. Cuando los apuntamos a francés, alemán, judo y piano, y exigimos que sean emprendedores y productivos, estamos aplicando la lógica adulta del tiempo productivo y el éxito personal. Tampoco respetamos el límite al que me refiero cuando los exponemos sin filtros ni explicaciones al debate político, y los ataviamos con símbolos que aluden a una postura u otra. Y también los adultificamos cuando los conectamos a herramientas tan potentes que ni siquiera nosotros sabemos usar bien, pero nos sorprendemos alegremente de su pericia «nativa-digital». Por cierto, nacer rodeado de pantallas no te convierte en un extranjero, como aquel profesor de inglés «nativo». Traemos a niños a nuestro mundo y es nuestra responsabilidad acompañarlos a explorarlo y dominarlo.

Y a quienes se hayan hecho ilusiones con tener un Premio Nobel en casa, les adelanto: no será gracias a esa aplicación. Y les digo por qué: no sirve de nada estimular precozmente a un bebé con imágenes y sonidos que salen de una pantalla. A esas edades se aprenden infinidad de cosas, pero sólo a través del contacto humano, la interacción directa y de la experimentación con el propio cuerpo del entorno (físico y social). Ningún aparato electrónico puede sustituir la interacción social como principal vía de aprendizaje durante la infancia temprana. ¿Puede ser un recurso, un día, para hacer una espera más entretenida? Claro. Lo que no pueden es ser su juguete diario, su canguro, su animador, ni su maestro. No pueden ser una necesidad, un objeto sin el que no pueden dormir o abrir la boca para comer.

## La regla 3-6-9-12

Partiendo de que en psicología o pedagogía no hay recetas mágicas, ni reglas aplicables a todos los niños, es interesante conocer la mal llamada «regla» de los 3-6-9-12, que conviene tomar como una orientación sobre la edad adecuada para iniciarse en el uso de las NTIC. Tal y como aclaro en la introducción, éste no es un libro de recetas, ni de reglas a seguir a rajatabla, pero la información ayuda a tomar decisiones. Y éste es un terreno donde muchos padres andan algo perdidos.

El creador de esta regla es Serge Tisseron (1948), psiquiatra infantil, psicoanalista e investigador de la Universidad de París. La regla fue adoptada y divulgada por la Asociación Francesa de Pediatría. El objetivo de la campaña fue recordar que las pantallas son hoy en día parte de nuestros «alimentos mentales», del mismo modo que la literatura o el cine. Por las pantallas discurren imágenes, relatos, sonidos e historias que nutren nuestra experiencia y determinan la manera en que entendemos y nos explicamos el mundo. Pero de la misma forma que el estómago de un bebé no puede digerirlo todo, el cerebro o la mente de un niño tampoco. De modo que, al igual que conviene seguir ciertas pautas o guías para introducir progresivamente productos lácteos, carnes y verduras en la dieta de un niño, también es posible diseñar una especie de «dieta de pantallas» para aprender a usarlas bien y aprovechar sus beneficios, sin correr riesgos de «atragantamiento» o «intoxicación». Como sucede con las dietas, para seguir ésta, es necesario renunciar a dos tentaciones: idealizar estas tecnologías y demonizarlas.

Según esta regla, hasta los tres años conviene evitar las pantallas, de cualquier tipo, para que el niño pueda centrarse en el juego, la interacción y la exploración del entorno. De los cero a los tres años deberán establecerse y consolidarse las estructuras básicas que organizan todo aprendizaje posterior. Y como vengo defendiendo a lo largo de este libro es a través del juego y la interacción con el entorno (físico y social) que se construyen estas bases. El aprendizaje a estas edades es activo: si hay pasividad, no hay aprendizaje. Así, por ejemplo, el juego del cucú de esconderse tras una sabanita permite elaborar la pérdida y recuperación de los padres, las constantes y variables de presencia-ausencia. Juegos con tierra, barro, agua y arena acompañan en aprendizajes sobre texturas, densidades, pesos, y permiten ir ensayando y practicando con las texturas de las secreciones corporales que deberán ir controlándose. Juegos de encaje y maderitas ayudan a captar nociones de espacio, volumen y capacidad, al tiempo que permiten ensayar con la motricidad fina. Carriletes, triciclos y cochecitos serán muletas muy útiles en el desarrollo de la motricidad gruesa y la conquista del espacio. Como ven, todos estos ejemplos de juego implican actividad, movimiento, experimentación... y poco tienen que ver con la superficie plana y fría de las pantallas. ¿Quiere decir esto que nunca pueden tocar una pantalla? No. Quiere decir que las pantallas nunca podrán sustituir los juegos de interacción y experimentación.

Sigamos: según la regla mencionada, entre los tres y los seis años no conviene que tengan una pantalla de su propiedad. Pueden jugar puntualmente con el móvil o la tableta de papá o de mamá, pero no deben tener televisión o consolas en su cuarto, pues tienden a acaparar toda su atención y privan de otro tipo de actividades. A estas edades el potencial adictivo es muy grande y los niños pierden la noción del tiempo ante las pantallas, dejando de hacer actividades fundamentales para su desarrollo como dibujar o jugar. Un niño de entre tres y seis años ya interactúa con mucha más destreza con el entorno y necesita ensayar y entrenar sus incipientes habilidades y dar rienda suelta a su creatividad e imaginación. Y los dibujos de la tele o los videojuegos a menudo dejan poco espacio a la imaginación. Es muy importante tener presente que en esta franja de edad es cuando se inician los procesos de socialización, a menudo con la entrada al cole. No es algo sencillo: deberán aprender a negociar, a transigir, a tener en cuenta a los compañeros. Aquí devendrán fundamentales los juegos de interacción, que exigen esperar turno, aprender a tolerar la frustración, a compartir y cooperar. La mayoría de los juegos y aplicaciones son de uso individual y no permiten este vital entrenamiento en un entorno social.

Una buena práctica en esta franja de edad es, después de que vean la tele o jueguen con un videojuego, hablar con ellos y comentar qué han visto, qué han hecho: que expliquen a un adulto de qué va ese contenido; que se rompan un poco la cabeza pensando por qué pasa una cosa y no otra, y que puedan construir un relato. Es una buena forma de implicar y desarrollar la capacidad narrativa y de elaboración, evitando que queden atrapados en una sucesión de imágenes sin apenas palabras y se convierten en esponjas pasivas de contenidos ya armados. Además hay que aprovechar estas charlas para educar en un buen uso, criticar lo que nos parezca vacío, violento, ayudarlos a discriminar qué contenidos son serios y cuáles no.

Entre los seis y los nueve años pueden iniciarse en internet, pero siempre bajo el control de un adulto. No es momento para que naveguen solos ni para que tengan su propio teléfono móvil. De hecho, hasta los 12 años deben navegar acompañados por un adulto responsable. Esto no significa que un padre deba hacer guardia detrás del escritorio donde esté el ordenador de casa observando todo lo que hace. Se puede acompañar de muchas maneras: con actividades compartidas, con charlas sobre lo que pueden encontrar en la red, con recomendaciones de páginas y juegos. Será necesario seguir educando en la criba de contenidos, en el cuidado de la privacidad, en la concienciación de lo que es público o publicable y lo que forma parte de aquello tan preciado que llamamos intimidad. Y siempre es necesario limitar el tiempo. No se trata de «cortarles el rollo», se trata de enseñarles que hay muchas otras cosas en la vida con las que pueden enrollarse. A partir de los 12 años, pueden, según esta pauta, navegar solos y tener su teléfono propio. Pero yo creo que nunca debemos dejarlos solos. ¿Lo dejaría solo en un país desconocido? No: se encargaría de acompañarlo, de darle un mapa, una buena guía, y procuraría que disfrutara y conociera los rincones más bonitos, sin correr riesgos ni ponerse en peligro.

Insisto, aún a riesgo de ser algo pesado: no tome estas pautas como normativa de obligado cumplimiento. Entiéndalas como una orientación. Piense que el establecimiento de estas franjas de edad no es arbitrario, sino que tiene relación con los espacios educativos de cada edad (de cero a tres, la guardería; de tres a seis, la escuela infantil; de seis a 12, la primaria, y a partir de los 12, la secundaria) y con los procesos cognitivos y de desarrollo mental propios de cada etapa (por eso se marca la franja de los nueve años, que es cuando se adquiere fluidez en la lectoescritura y es necesario fomentar los procesos implicados).

## ¿Cómo distinguir el uso del abuso?

Ciertas conductas o actitudes pueden ser señales de alarma para detectar un uso abusivo o adictivo de las pantallas. Mencionemos algunos ejemplos: si las horas de pantallas interfieren en las horas de sueño, de tareas escolares o extraescolares o de juego; si aumenta la ansiedad o el malestar del niño cuando se corta el juego o se prohíbe el uso; si invita a amigos a casa pero prefiere jugar solo con la máquina; si se le proponen otras actividades de ocio con la familia o los amigos pero no quiere ir para seguir con un juego; si se percibe cierto retraso o inhibición en el uso del lenguaje o de otra capacidad previamente adquirida. Todas estas situaciones son indicativas de que las pantallas absorben más recursos psíquicos de lo saludable. Y conviene limitar su uso, negociar, o consultar con un psicólogo si las medidas previas generan conflictos en casa.

## No sin mi móvil

Uno de los argumentos de muchos padres para permitir que su hijo tenga un teléfono móvil es: «¿Y si le pasa algo?» El único momento en que se me ocurre que a un niño le pueda «pasar algo» es en el trayecto de casa a la escuela o viceversa, o cuando sale a la calle por algún otro motivo, como comprar algo o ir a casa de un amigo. No creo que este único argumento sea suficiente para dejar que un niño tenga teléfono móvil con acceso a internet y la posibilidad de llamar a quien desee. Los trayectos de los niños suelen ser cortos y en zonas muy conocidas y cercanas a casa. Si se le dice a un niño que tiene derecho a un móvil porque le puede «pasar algo» en la calle, se le transmite un miedo que creo que es exagerado. Cuando un niño ya es mayor para ir solo por la calle, hay que transmitirle confianza.

Por otro lado, si los padres deciden que el niño puede tener móvil, no hace falta que tenga acceso a internet. Puede ser un móvil con tarjeta prepago y con el que únicamente se pueda llamar al teléfono de papá, mamá o los abuelos.

## ¡Todos conectados!

¿Imagina su vida actual sin un *smartphone*? A veces hasta nos cuesta recordar cómo vivíamos (cómo trabajábamos, estudiábamos, quedábamos y nos relacionábamos) sin estos potentes aparatos y sus aplicaciones, que se han inmiscuido en buena parte de las actividades que emprendemos. Por poner un ejemplo, cuando unos padres inscriben a su hijo a una guardería, casi automáticamente pasan a estar en el grupo de padres de WhatsApp. Sí, esos grupos que sacan humo cuando se acercan las colonias, una excursión, el carnaval..., donde todos los padres controlan y comentan qué deben llevar sus hijos al día siguiente, qué han merendado hoy, qué actividad toca mañana. Algunas escuelas y guarderías hasta incorporan cámaras a las que los padres pueden conectarse desde sus móviles y controlar lo que hacen los niños. Creo que estas situaciones son excesivas, y además interfieren en esa necesaria progresiva separación entre padres e hijos. Si llevamos a los niños a una escuela es porque confiamos plenamente en la institución y sus profesionales. No podemos estar desconfiando todo el rato. A un niño le da muchísima seguridad saber que papá y mamá confían ciegamente en el lugar en el que los dejan más de cinco o seis horas diarias.

Además en esos grupos a menudo se juegan competencias entre padres (a ver quién lleva mejor control sobre las tareas, quién conoce más al equipo docente...) y se generan situaciones de cotilleo que poco tienen que ver con la educación de los niños. Ojo, no es que estos corrillos no se dieran antes. Pero tenían otro matiz, se daban a la salida del colegio, en conversaciones cara a cara, entre risas, desde una cercanía. Paradójicamente, la hiperconexión que permiten estos dispositivos crea la anticomunicación, la pérdida de estos espacios de intercambio e interacción social.

Pero como decía, creo que es importante reparar en cómo esa promesa de tranquilidad por tenerlos más controlados, a menudo se convierte en una hipervigilancia que interfiere en la separación entre niños y adultos. Una separación que tarde o temprano deberá darse, pues criamos a nuestros hijos para que sean adultos independientes y libres. Y en este proceso, poder dejarlos «solos» en la escuela es una fase fundamental. Cuando unos padres pueden geolocalizar a su hijo a través del móvil y controlar todos sus movimientos no están siendo más cuidadosos o responsables, sino que se están convirtiendo en una especie de Gran Hermano que no permite la separación, ni confía en la incipiente capacidad de su hijo para cuidarse solo, siguiendo los cuidados recibidos durante su primera infancia.

## Si los padres leen, los hijos leerán; si los padres no se separan del móvil...

Hay algo fundamental que no conviene olvidar: los padres son los principales modelos de identificación de un niño. Si los padres leen, los hijos probablemente leerán. Si el niño ve a sus padres pegados a una o a varias pantallas, probablemente sienta mucha curiosidad por ese aparatito que centra la atención de papá y mamá. Aquí vale la pena detenerse, mirarse a uno mismo y cuestionar la propia relación con la tecnología; si la vivimos como algo de lo que no podemos prescindir, inevitablemente los niños harán lo mismo. Además, esa atracción que las pantallas ejercen sobre nosotros es mucho más potente en un niño, que todavía no ha desarrollado los mecanismos de autocontrol de un adulto, y hay que ayudarlos a poner una distancia que permita controlar la tecnología, y no ser controlado por ella. Poner —una vez más— un límite, que no es una prohibición o demonización, sino una invitación a acercarse a todas esas otras cosas del mundo que valen la pena y que suceden más allá de la pantalla del iPhone.

# Y si pasa mucho tiempo en internet...

Muchos niños pasan muchas horas navegando solos por internet. ¿Dejaría usted que su hijo de seis años pasara una tarde solo por una gran ciudad? Internet es un gran invento, maravillosamente útil. Es una herramienta muy práctica para estudiar, ya que el niño puede acceder a mucha información de gran calidad. Además, como entretenimiento tiene una gran ventaja con respecto a la televisión: ésta es pasiva, tienes que ver lo que echan, pero en internet puedes elegir. Si te gustan las series de vampiros juveniles, pues eso es lo que ves. Y no te limitas a ver lo que den, te guste más o menos. Así que yo no estoy en contra de internet, como es lógico. Como tampoco estoy en contra de los coches. Pero creo que es importante hablar de los peligros que tiene.

Dejar que un niño navegue solo por internet implica importantes riesgos. Por un lado, porque el niño tiene acceso a muchísima información de todo tipo. Y, muchas veces, los niños, guiados por su curiosidad, acceden a contenidos que no son nada apropiados para su edad. Y, por otro lado, las redes sociales también tienen riesgos, pues permiten que adultos con intereses oscuros contacten con los niños.

## «Pero si ya he activado el *parental control*»

Qué gran invento, el *parental control*. Hay padres que consideran que, con este software, que bloquea el acceso a algunas páginas web, ya pueden dejar que sus hijos naveguen por internet. El *pa-*

*rental control* es una herramienta muy útil, pero no es suficiente. Ya sé que hoy en día a muchos padres les cuesta llegar a todo: el trabajo, los niños, las tareas de la casa... Y la televisión e internet entretienen a los niños. Mamá o papá están intentando hacer la cena mientras envían unos correos electrónicos de trabajo y mientras su hijo reclama atención. Así que se le deja el teléfono móvil o que se siente ante el ordenador o que coja la tableta o... Hay que hacer la cena y hay que enviar los correos, eso es evidente. Y si el niño juega con uno de estos dispositivos, ve la tele o navega por internet, ya está entretenido.

Pero, por un lado, el *parental control* falla. No filtra todo el contenido que debería filtrar. Y, por otro lado, el problema de que un niño navegue solo por internet, a pesar del *parental control*, es que puede acabar saturadísimo de información. Y la saturación mata las ganas de aprender, aturde. Tras navegar usted por internet durante dos horas, ¿cómo se siente? Pues imagine un niño.

Si un niño pasa dos horas navegando por internet, accederá a muchísimo más contenido que al que podían acceder sus padres treinta años atrás, cuando un niño leía una novela un rato y luego veía un capítulo de una serie en la televisión. Ahora, un niño puede acceder prácticamente a lo que quiera. Puede ver un vídeo de su serie favorita, puede acceder a blogs sobre novelas de vampiros, puede curiosear en la prensa, puede pasar horas en la página web de Justin Bieber o Cristiano Ronaldo... Y los niños no están preparados para asimilar de la forma correcta tanta información.

Un niño necesita la compañía y el asesoramiento de un adulto que le enseñe a discriminar las fuentes adecuadas de información, que le explique por qué Lady Gaga lleva esa ropa tan estrafalaria, que le explique por qué un grupo de famosos se han unido a una campaña contra el trabajo infantil, que le explique... En caso contrario, va almacenando información sin mucho criterio, o, mejor dicho, con el criterio de un niño que se enfrenta a todo un universo de información.

Por eso creo que es aconsejable que los padres estén con sus hijos la mayor parte del tiempo que éstos naveguen por internet.

Y que marquen un tiempo máximo en el que el niño puedo navegar solo. En mi opinión, como ya he señalado en otros capítulos, un niño menor de seis años no debería pasar más de una hora al día frente a una pantalla, ya sea televisión, ordenador, teléfono móvil, videojuego... Y si tiene más de seis años no debería estar más de dos horas.

Hay otras opciones para que los niños ocupen su tiempo. Jugar y dibujar, por ejemplo, entretiene mucho a los niños y es más saludable para su mente que pasar varias horas navegando por internet. Para los padres, requiere algo más de esfuerzo que encender el ordenador o dejarle al niño el teléfono móvil, pero no mucho más. Como explico en el capítulo «Mi hijo se aburre», los niños aprenden a jugar solos rápidamente.

Además, hay que acostumbrar a los niños a que participen más en las tareas de la casa. Un niño de ocho años, por ejemplo, puede ayudar a sus padres a cocinar o a poner la mesa o recogerla. Cuando acabe de hacer los deberes, puede pasar una hora ante el dispositivo que desee, ya sea la tele, el ordenador, los videojuegos... Los padres pueden acercarse de vez en cuando para supervisar lo que está viendo y hacerle alguna pregunta. De este modo, se establece cierto diálogo sobre lo que el niño ve o hace. Y ese diálogo se puede trasladar a la hora de la cena. Tras esa hora de pantallas, el niño puede colaborar en las tareas del hogar o, simplemente, puede estar con sus padres charlando mientras éstos realizan las tareas. Aunque parezca mentira, es lo que hacían las familias no hace tanto tiempo, cuando aún no había tanta pantalla.

## Yo quiero tener un millón de amigos

Ah, las redes sociales. El patio de recreo virtual en el que los niños pasan horas y horas. Facebook, Tuenti... Y, también, las aplicaciones de mensajería como WhatsApp. Los niños salen de clase y, cuando llegan a casa, siguen comunicándose con sus amigos o con quien sea a través de las redes sociales o aplicaciones de mensajería. ¿Cuál es el problema de estas tecnologías? Que muchas veces se emplean para el chismorreo o el ciberacoso. Y, además, muchos adultos sin escrúpulos contactan con niños a través de las redes sociales.

En el capítulo «¿Mi hijo sufre acoso escolar», hablo sobre el ciberacoso. Y, en el capítulo «Mi hijo sufre abusos sexuales», hay un apartado sobre los pederastas que contactan con niños a través de redes sociales. Pero quiero insistir en este tema. Hay muchos adultos que se crean perfiles falsos en redes sociales como Facebook, una de las más populares. Se hacen pasar por niños y contactan con niños, se hacen pasar por un amigo de un amigo o se inventan que son amigos de un personaje famoso que tiene muchos fans entre los niños. Una vez iniciado el contacto, se van ganando la confianza del niño. Hablan con él de los temas que más interesan a éste. Buscan su complicidad y les piden fotos en ropa interior o desnudos o que se conecten a la webcam.

Por eso, creo que no es aconsejable que un niño tenga un perfil en una red social. No es ni aconsejable, por todos los peligros que conlleva, ni necesario. No se me ocurriría decir que un niño no debe navegar por internet. Como ya he señalado, internet es muy útil. Pero ¿para qué necesita un niño estar en las redes sociales? Cada día ve a sus amigos en el colegio y el fin de semana puede jugar con ellos. Hay mucho chisme barato, mucho ciberacoso, muchos riesgos, como para que compense que un niño tenga un perfil en una red social. Ya hace suficiente vida social en el colegio, las actividades extraescolares, el fin de semana... Además, ¿por qué un niño necesita una webcam?

## «Tengo la solución: me creo un perfil falso en Facebook.»

Esto me lo dicen muchos padres. Pero plantea dos problemas. En primer lugar, si un adulto se crea un perfil falso y logra hacerse amigo de su hijo en Facebook, es una demostración de lo fácil que es engañar a un niño en este sentido. Y, en segundo lugar, no me parece muy buen ejemplo espiar a los hijos. Hasta no hace mucho, los padres regalaban a sus hijos diarios en los que éstos podían escribir sus intimidades. Y algunos padres los leían a escondidas. Pero considero que es muy importante respetar la intimidad de los niños. Si un padre permite que su hijo tenga una dirección de correo electrónico (que no veo los motivos de que un niño pueda necesitarla), no es justo que lea los e-mails que envía o que recibe.

Del mismo modo que no entiendo que haya guarderías con webcams, para que los padres puedan ver, desde donde estén, qué es lo que hacen sus hijos. Creo que debería estar prohibido, porque, al final, se convierte en una forma de controlar qué hacen los profesores. Y de paso es una forma de no separarse de los hijos.

## «Es que todos los niños tienen un perfil en Facebook»

Éste es el argumento de muchos padres para dar libertad a sus hijos en internet. Pero no es cierto que todos los niños tengan un perfil en Facebook, por ejemplo. Y, aunque todos los amigos de un niño lo tuvieran, ¿sería ése un criterio para permitírselo a él?

Tampoco entiendo que un niño deba tener un ordenador en su habitación. De este modo, tiene más facilidad para conectarse cuando lo desea sin la supervisión de los padres. Lo ideal sería que el ordenador estuviera en un espacio común de la casa.

O que el niño se lo pudiera llevar momentáneamente a su habitación. Y, cuando acabara de utilizarlo, se guardara otra vez. Por cierto, muchos especialistas en nuevas tecnologías están pensando junto con psicólogos clínicos, pedagogos y otros profesionales, nuevas fórmulas que permitan que los niños tengan redes sociales exclusivamente para ellos, pues Facebook, por ejemplo, es un invento para adultos y adolescentes. No es un juego de niños, aunque haya muchos niños que están en esta red social.

# Los videojuegos, ¿una adicción?

En el capítulo dedicado a las pantallas hablé sobre las Nuevas Tecnologías, sin hacer distinción entre soportes (dispositivos que van reduciendo su tamaño lo que permite que nos acompañen a todas partes) y contenidos (entre los que podemos encontrar desde pornografía hasta enciclopedias). Me interesa ahora centrarme en uno de los contenidos por los que me han consultado con más frecuencia a lo largo de estos años: los videojuegos. De nuevo, invito a no idealizar ni demonizar de antemano esta potente industria cuyo público se cuenta por millones e incluye, principalmente, a menores.

Cada vez hay más videojuegos interesantes. Son aquellos en los que el niño no debe responder automáticamente a las órdenes, sino que tiene que utilizar estrategias o crear cosas o nuevas situaciones. Hay juegos con los que se pueden crear casas, ciudades, granjas, familias... Incluso hay juegos clásicos que considero que están muy bien, como el Tetris, porque exige concentración y entrenar la capacidad visoespacial.

El problema es que muchos videojuegos muy populares son violentos. No entiendo que un niño deba estar jugando a matar marcianitos, soldados o monstruos... Estos juegos ofrecen muchas imágenes violentas al niño y le suministran tantos estímulos que luego no es de extrañar que haya tantos niños hiperestimulados y que no pueden parar quietos o que tienen problemas para dormir.

Es muy importante que los padres conozcan el contenido de los videojuegos de sus hijos y que jueguen con ellos. Y que no les permitan pasar una tarde entera enganchados a ellos. Creo que un niño no debería pasar más de una hora al día frente a una pantalla si tiene menos de seis años. Y ese tiempo no debería superar las dos horas si tiene más edad.

## ¿Crean adicción los videojuegos?

Crece la preocupación social en torno al poder adictivo de los videojuegos. Y de hecho la Organización Mundial de la Salud (oms) incluye en la últíma versión de la Clasificación Internacional de Enfermedades (cie-11) el «trastorno por uso de videojuegos», así como el «trastorno por uso de juegos digitales (*online* u *offline*) en una medida peligrosa». Según sus datos, se considera que existe adicción a los videojuegos o juegos digitales cuando se da un comportamiento persistente o recurrente de juego, que incluya falta de control sobre la frecuencia, duración, intensidad y contexto de la actividad, así como una priorización creciente del juego frente a otras actividades e intereses, a pesar de que aparezcan consecuencias negativas derivadas del uso adictivo.

Cuando surgen nuevos trastornos en las sucesivas versiones de estos manuales, surgen también hipótesis sobre sus causas. Hoy está muy en boga buscar dichas causas en fallos cerebrales: problemas o déficits neuroquímicos, neuroestructurales, *neuroloquesea*. Es obvio que las conductas y apetencias humanas guardan relación con el cerebro, pero es mucho menos evidente que esa relación sea de causalidad; suponer una causalidad lineal entre cerebro y conductas (o entre cerebro y apetencias, deseos, adicciones, etc.) es anticientífico y sólo promueve la simplista idea de que la experiencia humana es reductible a conexiones neuronales. Yo creo que lo interesante es preguntarse qué función cumplen los videojuegos en nuestra sociedad moderna y, especialmente, qué función cumplen en la vida de ese niño o niña que parece no querer interesarse por otra cosa.

## La ilusión de tener amigos

A menudo, a los niños que prefieren jugar a videojuegos antes que a cualquier otra cosa, les cuesta hacer amigos, entenderse con sus iguales y divertirse despreocupadamente. Entonces se consuelan jugando con otros jugadores conectados al *Fortnite*; éstos pueden ser efectivamente sus amigos o compañeros del colegio, o pueden ser desconocidos. Y esas horas en las que deben coordinarse con el resto de los jugadores para crear estrategias y superar pantallas juntos, crea la falsa expectativa de comunicación con el mundo exterior. Algo parecido sucede con las redes sociales: con las publicaciones en Facebook o Instagram buscamos la aprobación de nuestros «amigos» o «seguidores», los aplausos de nuestro círculo social. Y así conseguimos una fugaz sensación de compañía, incluso desde la soledad de nuestra habitación.

El caso es que estos niños suelen quedar atrapados en un espacio entre la soledad y la compañía. Enganchados a ese parche que llamamos consola, no pueden ni conectar verdaderamente con otros, ni conectar con su soledad. Me explico: por un lado, es evidente que un niño enganchado a la consola no cuenta con la calidez y contención de una verdadera compañía humana (que incluye un contacto y una complicidad que supera las capacidades de los avatares de los videojuegos). Pero por otro lado, si este niño, empujado por el miedo que despierta esa falta de contacto, está permanentemente conectado a la máquina, puede que nunca esté total y verdaderamente solo y entonces es menos probable que lea un libro por placer, se asome a la ventana e imagine mundos distintos de los propios, o que se esfuerce por comunicarse con la gente real del entorno inmediato ¿Quién quiere hablar con sus familiares si tiene a los «amigos» a un clic de distancia? ¿Quién va a esforzarse a encarar la vergüenza, el reparo o los distintos obstáculos que a veces imponen las relaciones humanas si puede esconderse tras un avatar valiente y capaz?

No es de extrañar el nombre que adjudicamos al artilugio que ayuda a matar tiempos muertos de tantos niños; piense en el significado de la palabra «consola». Según el diccionario, «consolar» viene de «solari», solo, y significa ayudar a alguien a sentir menos una pena o un disgusto. Así, la pena de estar solo se consuela con un «juguete» que opera casi como un padre, le dice lo que hay que hacer para «avanzar».

## «Prefiere matar marcianos a construir granjas.»

Muchos padres, resignados a la predilección de sus hijos por las consolas, procuran comprarles videojuegos más «educativos». Menos destructivos, vaya. Parte de la demonización de los videojuegos tiene que ver con que no transmiten precisamente valores muy educativos: el objetivo del juego es matar, robar, vencer por encima de todos. La industria ha hecho esfuerzos por crear videojuegos alternativos, más tranquilos, pero a juzgar por el volumen de ventas, no parece que puedan competir con videojuegos como *Grand Theft Auto*, *Fortnite* o *League of Legends*. Y debemos preguntarnos ¿Por qué tienen tanto éxito estos juegos? ¿Qué ocurre en ellos?

Hay un concepto crucial que cabe introducir aquí: la omnipotencia infantil. Los psicoanalistas decimos que, desde esos días en que un bebé estornuda y toda la casa se pone en marcha y habla del moquito que le acaba de salir por la nariz, el niño crea una fantasía de omnipotencia por la que él lo es todo y todo lo puede. Le basta abrir la boca para estar en brazos de mamá y recibir todos los cuidados. En cierto modo, el niño cree que él maneja a sus padres, que él crea todo cuanto acontece a su alrededor, cual Rey omnipotente (no en vano, Freud habla de «Su Majestad el Bebé»). Es muy importante que un bebé pueda construir esta fantasía de omnipotencia. Significa que su entorno es capaz de proveer los cuidados y atenciones que necesita y responder al mundo de urgencias y exigencias de un bebé. Pero es igual de importante poder bajar del trono y asumirse como un plebeyo más entre ciudadanos en igualdad de derechos y deberes. Y como pueden imaginar, no es nada fácil renunciar a esa ilusión de ser Rey todopoderoso. De modo que algunos juegos, cuentos, sueños, acompañan y asisten en esa dolorosa abdicación, en la renuncia de la omnipotencia.

Crear un avatar, otorgarle poderes que uno no tiene, armarlo hasta los dientes, ser mayor y forzudo..., todo ello contribuye a retener, aunque sea mientras dure la partida, ese placer de ser omnipotente. Y olvidarse de las propias debilidades y fragilidades. ¡Hasta de la propia mortalidad! Los avatares suelen tener más vidas que los gatos, y resucitan inmediatamente después de morir; incluso en muchos juegos se pueden acumular vidas según se superan pruebas y se logran proezas. Lo que está en juego es la inmortalidad de las almas. ¿A quién no le seduce la idea? Esto no lo inventaron los del *Fortnite*, ya hace muchos años que la humanidad sucumbe a la tentación de «ganar vida». Algo de esa omnipotencia también se filtra en el discurso médico o en las últimas investigaciones financiadas por los magnates de Silicon Valley que pretenden alargar la vida, predecir la enfermedad, crear células madres y demás artilugios al servicio de sortear la muerte y toda adversidad.

No negarán que esto de la omnipotencia es tentador. Pero es virtual. Y los videojuegos atrapan, en parte, porque permiten no renunciar a esa apreciada omnipotencia infantil que todos debemos dejar atrás. Sabemos que todo lo que *muere*, lo que tuvimos y ya no volverá, impone lo que llamamos un proceso de duelo. Y «duelo» viene de «dolor». Renunciar a ciertos beneficios de la infancia duele. Hay que acompañar a los niños en esos procesos de duelo, e intentar no fomentar lo que llamamos «recursos maníacos» para negar la realidad del paso del tiempo y de la muerte.

He aquí una primera cuestión que puede guiar a la hora de reconocer un uso lúdico de otro menos saludable de los videojuegos: cuando juega a *Fortnite*, ¿se está despidiendo de la omnipotencia infantil, desde el disfrute de compartir afición con sus amigos? ¿O bien está atrapado porque no está dispuesto a soltar su omnipotencia y se sobra y se basta a sí mismo? Son dos escenarios muy distintos que prueban que no podemos dictar sentencias universales y válidas para todos los videojuegos, jugadores y situaciones.

## «Si mata en el GTA, puede coger y matar a cualquiera»

Pues mire, no. Suponer que un niño será un presunto asesino por jugar a *Fortnite* o al *Grand Theft Auto* es casi como suponer que leer *Caperucita Roja* convierte a una niña en una chica indefensa necesitada de un héroe machista, pero de este tema nos ocuparemos más adelante, en el capítulo dedicado a los cuentos infantiles.

Quienes están en contra del uso (o del abuso) de los videojuegos, alertan sobre el posible aumento de las tendencias agresivas, supuestamente alentadas por haber pasado una tarde entera matando marcianos. Es cierto que hay mucha agresividad en los juegos de mayor éxito. Pero no creo que haya que inferir una relación causa-efecto del estilo «es agresivo porque juega al *Fortnite*». Ese argumento creo que sirve más para eximir nuestra responsabilidad como miembros de una sociedad violenta, que para entender las verdaderas causas de la agresividad de muchos niños. En psicoanálisis apostamos siempre por contemplar la sobredeterminación de fenómenos como la agresividad; nada tiene una única causa, sino que es resultado de una compleja combinación de múltiples factores. De modo que pongamos sobre la mesa todas las posibles significaciones sin ser determinantes respecto a nada.

Se han llegado a relacionar las matanzas que cada tanto sufren los colegios e institutos de Estados Unidos con el auge de determinados videojuegos. No niego que hayan podido influir; es probable que los videojuegos hayan contribuido a otorgar a la muerte un estatus distinto, quizá reversible, como sucede con los avatares de *Fortnite*, que tienen varias vidas. Pero seamos honestos: ¿La consola venía con el rifle de regalo? ¿O ya estaba en casa y papá era de la Asociación Nacional del Rifle? Víctimas y verdugos de esas tragedias viven no sólo en un país que permite la venta de armas, sino en una sociedad salvajemente competitiva e individualista que puede resultar muy alienante para aquéllos que no cumplen las altísimas exigencias que impone la sociedad de consumo.

Un niño puede ser agresivo por muchísimas razones y no podemos limpiarnos las manos como si la cosa no fuera con nosotros y culpar al avatar del videojuego. Cuando hablamos de violencia en la infancia tenemos que hablar de la violencia de la sociedad. «Prefiero que esté en casa jugando a la consola que no que baje al parque a esas horas porque es peligroso», me explicaba una madre. Yo la entendí. Y me hizo pensar en que, como sociedad, nos hemos estado ocupando mucho más (demasiado más) de las redes sociales y del *big data*, que de tejer redes vecinales y tener «datos» sobre los horarios y hábitos de vecinos, tenderos y comerciantes del barrio a quienes podríamos pedir que vigilen al niño, o en quienes podrían confiar los más pequeños para preguntar dónde está tal sitio. Ahora eso se lo preguntamos a *Google maps*, y no nos perdemos, es cierto, pero perdemos la oportunidad de crear redes de seguridad y solidaridad.

## Sobre bombardeos

Hay otro tipo de bombardeos en los videojuegos, algo menos evidentes que las bombas que lanzan los personajes. Me refiero al bombardeo de estímulos que estallan en cada secuencia de un videojuego: luces, música, ruiditos varios que distinguen los diversos obstáculos y premios con los que topan los personajes, notificaciones sobre las vidas restantes, las provisiones... Y aquí hay que llamar la atención sobre la capacidad de los mecanismos mentales que deben procesar toda esa información. La cuestión es si verdaderamente se procesan o simplemente se acumulan. Igualmente cabe preguntarse cómo y dónde se registra esa ingente cantidad de información. Creo que la cantidad de información es excesiva y la mente de un niño, sobre todo de un niño pequeño, no puede procesarla sin quedar aturdida. Frente a ese exceso, un niño puede llegar a encerrarse en su propio mundo, ensimismarse, retraerse. Y aquí entramos en un terreno peligroso; es necesario consultar con un psicólogo si se detectan estas conductas.

## «Dime, ¿qué ha pasado hoy en tu partida de *Fortnite*?»

Ese imperio de la imagen, lo visual, por encima de la palabra puede ayudar a desarrollar la capacidad visoespacial o la velocidad de respuesta, pero deja fuera de juego las capacidades narrativas. Y esto es arriesgado. Para entender la importancia de esto hay que pensar que *somos relato.* Pensamos y nos definimos a nosotros mismos a través de una historia. Por eso yo recomiendo priorizar los programarios que impliquen narración sobre aquellos en los que impera la imagen. Y en todos los casos hablar, hablar y hablar. Preguntarles de qué va ese juego, qué capacidades tienen los avatares, sus objetivos, los lugares que atraviesan. Que se coman un poco la cabeza y deban construir un relato. A algunos niños les cuesta mucho; recuerdo un paciente, muy adicto, que no pudo explicarme en qué consistía el *Fortnite* y terminó sugiriéndome que me lo descargara en mi móvil para poder enseñármelo. Bien, la psicoterapia consiste en crear un relato en el que el paciente emerja como protagonista: puede contar que estuvo en casa de sus abuelos, preocupado porque el gato le da miedo, quizá quiso matar a ese gato, lo que está prohibido, pero puede poner palabras, construir una narración. Y cuando el miedo y las ganas de matar entran en lo que llamamos el «entramado de pensamiento y las palabras» pueden ser elaborados. Por eso yo recomiendo a los padres: jueguen con su hijo, entiendan el videojuego, y pregunten. Compartan y sean empáticos, sin juzgar desde fuera, dictando sentencias, evitando así que el niño se sienta doblemente excluido del mundo adulto. «Una horita y se acabó» suele ser el «acompañamiento» de muchos padres. Pero un paciente me lo explicó muy bien: «Mi mamá no entiende que no va por horas, va por muertos.»

## La alternativa a los videojuegos

Si quiere ir más allá: desempolve el parchís y juegue con su hijo. Y páselo bien. No hay avatar que supere eso. Y no lo olvide: también se mata, se come y se gana en los juegos de mesa. Pero de una manera más «sublimada» como decimos los psicoanalistas. O sea, más creativa y metafórica; más alejada de la explicitud de la sangre y los tiros. En los juegos clásicos de mesa hay más símbolo y menos imagen. Y el dominio de lo simbólico, la capacidad de simbolizar y representarse mentalmente lo que no está presente, es lo que nos distingue como especie, permite aprender de lo que pasó y prever lo que pasará.

Cuando crezca un poco, enséñele a jugar al ajedrez. Según progrese en el juego, podrá llegar a matar al rey, y con ello le estará permitiendo *poner en juego* una de las fantasías infantiles más universales, la de matar al padre. Puede que esto le suene cruel, pero le recuerdo que estamos en el terreno de lo simbólico, y todos tuvimos que matar simbólicamente a nuestro padre para poder ocupar su lugar. Obviamente no estamos hablando de un asesinato a sangre fría, sino de un proceso mental muy complejo y ambivalente, pues a un padre se lo ama y respeta mucho. Y qué mejor que «matar» jugando con ese padre al que uno también quiere y necesita tanto.

Lo interesante de los juegos de mesa es el manejo mental al que abocan: exigen anticiparse a los movimientos del otro. Y esto supone entender que el otro tiene sus intenciones, estrategias y deseos. Sus ganas de ganar. Y obligan a lidiar con todo eso. ¡Y me divierto! Todo esto genera pensamiento, pero también vínculo.

# Los cuentos en los niños

Entre tantas pantallas, consolas y videojuegos a veces nos olvidamos de uno de los más antiguos y extraordinarios entretenimientos infantiles: los cuentos. «¡Cuéntame un cuento!» quizá sea la demanda más universal de los niños de todo el mundo. Ellos todavía no saben leer, y a veces los padres contadores de cuentos tampoco, pero sí pueden y saben inventar y relatar cuentos. En todas partes, desde tiempos inmemoriales, las generaciones anteriores cuentan historias y cuentos a las siguientes. Y esa trayectoria, extensión y vigencia de los cuentos nos permite pensar que son mucho más que entretenimiento.

## ¿Para qué sirven los cuentos?

Los cuentos acompañan a la hora de dormir, son la puerta de entrada a la lectoescritura, fomentan la creatividad, alimentan la imaginación..., cumplen un sinfín de funciones. Pero los psicoanalistas que trabajamos con niños sabemos que van todavía más allá: los cuentos de hadas, sobre todo los clásicos, ayudan a crecer. Ayudan a elaborar situaciones conflictivas propias de la infancia y contribuyen al desarrollo de fantasías que permiten encontrar una salida de la propia conflictiva.

Ya en la antigua Grecia, los mitos permitían buscar respuestas a los grandes interrogantes de la época al tiempo que ejercían un efecto catártico sobre un público que podía proyectar en los personajes del relato sus propias pasiones, y conseguir así manejarlas, elaborarlas, entenderlas.

Algo semejante hace un niño con los cuentos de hadas; éstos permiten elaborar los propios miedos, las propias fantasías más agresivas e inconfesables, de una forma metafórica, simbólica, o como decimos los psicoanalistas: sublimada. Me explico: para un niño puede ser demasiado doloroso pensar: «Vaya, me voy haciendo mayor y esto significa que algún día deberé alejarme de papá y mamá... De hecho, este paso del tiempo significa que algún día ellos ya no estarán para ayudarme.» Resulta mucho más fácil y *manejable* escuchar el cuento de *Hansel y Gretel*, y angustiarse un poquito cuando los protagonistas se pierden en el bosque, pero entonces poder abrazar un poco más fuerte a papá, que sigue al lado de la cama. Piense en la cantidad de cuentos en que los personajes son huérfanos, o niños perdidos, o deben alejarse de casa..., todos ellos ayudan a elaborar y digerir la inevitable separación de los padres que impone el crecimiento. Algunas escenas dan miedo, pero a menudo llevan a grandes aventuras. Quizá separarse tenga también su lado bueno, pueden pensar los niños.

## Entre la fantasía y la realidad

Los psicoanalistas decimos que los cuentos, al igual que los sueños o los juegos, ocupan un lugar intermedio entre la fantasía y la realidad, entre la realidad externa y el mundo interno. Llamamos a ese terreno *espacio transicional*. Efectivamente, el cuento viene de fuera (normalmente de la voz de papá y mamá), pero para que el niño lo haga suyo, necesita creer que viene de dentro (creer que en cierta forma él es el protagonista y ese cuento habla de sí mismo), para finalmente quedarse en ese territorio intermedio, que es el territorio de la cultura, el lugar donde se cruzan las emociones de los otros con las propias. ¿Por qué si no nos emocionamos ante una obra de arte, de teatro o con una canción? Exacto: porque conecta con algo nuestro, algo que a menudo es muy difícil de expresar en palabras.

Transitar por ese terreno transicional a través de los cuentos tiene sus ventajas. Una niña que esté muy apegada a su padre y tenga muchas ganas de que éste le haga caso cuando vuelva de trabajar, puede ponerse algo celosa de mamá, que tiene el privilegio de dormir con papá. Y le resultará mucho más fácil y agradable que papá le lea algún cuento de esos en que una madrastra malvada se interpone entre el rey y la princesa, y poder enfadarse con ese personaje arquetípico, que enfrentar la rabia contra una madre a la que quiere y necesita mucho. Hay quien señala a ese manido personaje de la madrastra mala como causa de estereotipos sociales que denigran a las mujeres. No confundamos terrenos. Combatamos toda desigualdad desde la racionalidad de la vida adulta, y permitamos a los niños habitar los mundos de la fantasía.

## «¡Cuéntalo otra vez!»

A muchos padres les puede parecer increíble —y algo tediosa— la insistencia de muchos niños en volver a escuchar, por enésima vez, el mismo cuento. Ya lo conocen de memoria, incluso pueden corregir a padres que introducen variaciones en los diálogos, y sin embargo, cada noche piden el mismo cuento. Y de ser posible, dos veces. Este empecinamiento en la repetición de un cuento es expresión de la necesidad de disponer durante más tiempo (el que sea necesario) de ese espacio donde la ambigüedad entre fantasía y realidad permite elaborar y convivir con los propios temores y deseos, desde la seguridad de la habitación y en compañía de los padres. Unos padres que deben entender los ritmos y tiempos propios de la infancia, y enviar el tranquilizador mensaje de que estarán ahí el tiempo que necesiten. Aquí es fundamental la actitud de los padres: aceptar placenteramente la demanda de reiteración, seguir al lado del niño dispuesto a explicarle cuantas veces necesite lo que sea que necesite.

Cabe aquí introducir un concepto crucial de la psicología evolutiva: la función simbólica; la capacidad de manejar mentalmente símbolos que aluden a lo que no está presente. Usted y yo —la especie humana—, podemos aprender del pasado y prepararnos para el futuro porque tenemos la capacidad de representar y manipular mentalmente símbolos que, valga la redundancia, simbolizan aquello que no está en el aquí y ahora. Esta función debe desarrollarse durante la infancia. La adquisición y dominio del lenguaje será fundamental para ganar pericia en este terreno. Y los cuentos y relatos son vehículos privilegiados de la palabra y la experiencia humana. Para afianzar ciertos símbolos y poder manejarlos y elaborarlos, se necesita práctica, constancia y repetición.

Así, el cuento infantil permite una manipulación del objeto sostenido por símbolos. El niño reclama el relato una y otra vez, siempre igual, esperando cada secuencia y renovando sus comentarios y preguntas. Esta insistencia en la repetición testimonia la necesidad de lo igual para poder pensar lo diferente. Está en juego la ilusión narcisista de permanencia, de constancia, que necesita ser desplegada o sostenida por la función materna y paterna, para poder dar lugar a los juegos de presencia-ausencia y, por ende, a la habilitación fantasmática que significa la pérdida para que haya símbolo. Se necesita la ilusión de constancia, pues allí se ubica el deseo de los padres: que el niño viva, sea, exista.

La infancia es un camino señalizado por la reiteración de pérdidas y adquisiciones, se pierden los brazos que sostienen porque se aprende a caminar, a partir de aquí, todo se va perdiendo para adquirir algo nuevo. Se pierden las creencias a favor de los descubrimientos que encierran imprescindibles frustraciones que conducen a la elaboración de los límites. A lo que los psicoanalistas llamamos la castración simbólica.

Tiempo de las creencias y de la ilusión donde la magia vela y desvela lo patético de la indefensión. El niño pequeño necesita desmentir por un tiempo la castración o la muerte, necesita refugiarse en su omnipotencia para luego salir de ella. Las creencias se organizan como lo dijo Freud, como teorías sexuales infantiles, sin límites ni diferencias.

## «"¡Y qué dientes tan grandes tienes!"
## "Son para comerte mejor"»

Es cierto, en los cuentos tradicionales hay canibalismo, muertes, huérfanos, malos malísimos. Pero recuerde: estamos en el terreno de la magia y el símbolo. En el inconsciente de todo niño también existen la muerte, la soledad, la ira... y un niño necesita poder elaborar y digerir toda esta amalgama de impulsos, deseos y temores; tarea nada sencilla para la que los cuentos son de gran ayuda.

En los cuentos la muerte queda encarnada en los personajes imaginarios con lo cual se favorece la representación de una ausencia: *Cenicienta*, *Blancanieves*, comienzan sus historias con una madre muerta que quedará para siempre fuera del relato. Y así como la muerte aparece de un modo u otro relatada en los cuentos, otras pulsiones parciales o impulsos se repiten en los cuentos con la misma finalidad: darle al niño la posibilidad de representar y simbolizar fantasías primitivas muy reprimidas.

Abramos un pequeño paréntesis sobre eso que llamamos «pulsiones parciales». Se habrá dado cuenta de que, durante buena parte de sus primeros meses de vida, todo lo que llamaba la atención de su hijo iba directo a la boca. Todo lactante siente un inmenso placer al chupar y succionar el pecho de su madre, la tetina del biberón, el chupete..., el mundo. Algo de ese placer quedará inscrito en la psique de todo niño, a modo de lo que los psicoanalistas llamamos fijaciones de la pulsión oral. Éstas pueden tomar derroteros «patológicos», como chuparse el dedo, morderse las uñas o fumar; pero también pueden dejar su huella en actitudes como «querer comerse el mundo». Todos nosotros albergamos alguna huella de aquel día en que la boca fue nuestra principal fuente de exploración y placer. Y no sorprende que en tantos cuentos el *comer* o *ser comido* sea un tema central.

El niño que de un modo u otro es comido por sus padres aparece ya en la mitología: Tántalo sirvió a los Dioses, para probar su divinidad, los miembros del cuerpo de su propio hijo Pélope.

Sólo su esposa Ceres, la diosa de la fertilidad, absorbida por el dolor de la pérdida de su hijo, comió de este terrible manjar: Júpiter le devolvió la vida a Pélope poniéndole un hombro de marfil para remplazar el que se había comido su madre. Situaciones similares se dan en los cuentos de hadas: en *Blancanieves*, la madrastra se come el corazón que le trae el cazador pensando que es el corazón de su envidiada hijastra, también Blancanieves cae desmayada después de comer la manzana envenenada que le ofrece su madrastra; es decir, es castigada por su glotonería. En *Hansel y Gretel* es la bruja la que pretende comerse a Hansel, pero también los niños son expulsados de la casa por su voracidad, ya no es posible alimentarlos y la bruja los sorprende y castiga cuando descubre a los niños comiendo partes de su casa (también la casa constituye un símbolo materno muy conocido). No sólo en los cuentos de occidente aparece en los mitos y cuentos la agresión oral ligada a la maternidad. Según un mito de las islas Marquesas, las mujeres pierden sus embarazos porque sus fetos son devorados por espíritus de mujeres salvajes: las Vehini-hai, otra vez aparece la mujer mala que come a los niños.

Se podría pensar desde aquí, y desde otros contenidos de pulsiones parciales, el enorme éxito de series televisivas que funcionan como los mitos o cuentos actuales: en la isla de «Lost» también las embarazadas pierden a sus hijos. En esa misma línea, la serie, que tanto éxito ha tenido, mantuvo durante sus seis temporadas la idea de un bien y un mal representados a través de dos personajes que, desde el comienzo, eran hermanos ¿no hay aquí una extraordinaria similitud entre Caín y Abel?

No hay cuento popular en el que en un momento u otro no aparezca una escena de alta carga oral: el lobo se come a la abuela de Caperucita quien a su vez le está llevando comida, Pulgarcito es comido por un buey o una vaca en su camino de regreso a casa y, de hecho, el primer encargo que le hace su madre es ir a buscar comida. Ricitos de oro es descubierta durmiendo la siesta después de haberse comido la comida de sus hospitalarios osos, Pinocho es tragado por la ballena, y así un largo etcétera.

El niño toma el cuento para poner en juego sus propios fantasmas, del mismo modo que utiliza el juguete para poner en escena sus creaciones fantasmáticas, por eso es importante entender al cuento como objeto transicional estructurante.

Es desde esa misión transicional y estructurante a la vez donde el psicoanálisis, al intentar hacer un análisis profundo de los cuentos, descubre entre sus personajes, aventuras y desventuras, entre los protagonistas ausentes y las peripecias de los personajes centrales, grandes cargas, dosis ideológicas, que se enraizaran en el sistema psíquico del niño, formando parte de su Superyó (esa instancia psíquica que alberga las normas culturales y vela por su cumplimiento), o de relaciones intersistémicas más complicadas. Al ser una fuente de estructuración, el cuento es como una fuente de ideas.

Desde esta posición, los especialistas en niños llevamos años intentando denunciar los contenidos sexistas que la factoría Disney viene promoviendo desde sus versiones cinematográficas de los grandes cuentos clásicos.

## Cuentos e ideología

Conscientes del poder de penetración en el tejido simbólico de los niños espectadores, los recreadores de dibujos animados no ignoran algunos mensajes que quieren dejar claros: Disney comienza en 1937 con la primera película de *Blancanieves*. Allí ya queda claro que la protagonista hace las tareas del hogar mientras los enanos trabajan en diversos oficios. Cenicienta también limpia y todas las heroínas de los cuentos, una vez revisitados por los americanos, son bellas jóvenes que al fin de cuentas salvan sus vidas si y sólo si un apuesto príncipe las rescata y les jura amor eterno.

Una de las maneras más sencillas de transmitir ideologías es a través de los cuentos. Estamos hablando en definitiva de la estructuración del Superyó del niño (recuerdo: esa instancia psíquica donde se ubican los ideales y normas culturales) que se nutre de las historias que recibe de los adultos que las custodian: custodian las historias, custodian sus funciones de transmisión de una cultura y, sin saberlo, custodian una ideología que está latente en cada una de esas historias.

Conceptos tan cuestionados actualmente como la importancia de la belleza o el papel de la mujer en la familia permanecen reflejados en los cuentos. Así Blancanieves no podrá enamorarse de un enano trabajador del campo, tiene que esperar a su apuesto príncipe; el patito feo al final no es feo, es un hermoso cisne, una vez que alcanza su condición de cisne es respetado, así se cumple la ecuación: belleza = respeto/aceptación. Hasta en *La Bella y la Bestia*, donde se supone que la belleza está en el interior, el final nos proporciona un guapísimo príncipe en lugar de la Bestia.

Lo horroroso se transforma en hermoso: lo feo, lo diferente, se transforma en guapo, hermoso, socialmente triunfador. Ésta es la moraleja de algunos cuentos, y sobre esta moraleja trabajamos con los pacientes que arrastran ciertos problemas de rechazo dentro y fuera de sus familias. «Yo no soy el hijo que ellos deseaban»: éste es el «había una vez» con el que comienzan muchos psicoanálisis de niños.

Los cuentos cortos tienen su correlato en pequeños cuentos, los dibujos animados, que desde Mickey y Donald y todos sus amigos les muestran a niños de varias generaciones que la paternidad no existe (hay sobrinos, no hijos) y por lo tanto no existe la sexualidad. Y de paso algunas constantes de la cultura americana se repiten incansablemente. Más allá del análisis sociológico que se puede hacer de estas situaciones, si retomamos el análisis más profundo, volvemos a encontrar la negación de la sexualidad en los padres o en sus figuras sustitutas, como una clara representación del mundo mental infantil.

## A mi hijo le gusta *Caperucita Roja*

Este clásico se encontraba entre los 200 títulos que la comisión de género de una escuela pública de Barcelona había retirado de la biblioteca infantil, bajo el argumento de que transmite valores machistas. Bien, ya sabemos que a menudo los cuentos transmiten valores con los que no siempre estamos de acuerdo. Pero leer *Caperucita Roja* no convierte a un niño en machista o en un agresor en potencia, ni a una niña en una posible víctima necesitada de la ayuda de un cazador, que mentirá a su mamá y coqueteará con un depredador. Estoy convencido de que la gran mayoría de los que acuden a manifestaciones feministas conocen el cuento. Por lo que, en mi opinión, no se trata de prohibir, sino de dar las herramientas que permiten cuestionar, criticar y revisitar los relatos sobre los que descansa la cultura popular, ciertamente machista en muchos aspectos todavía.

Tenemos que poder contar los cuentos y hablar sobre ellos, preguntarles a los niños y niñas qué les ha parecido, qué les ha gustado más, qué les da miedo... Jugar con los personajes y acercarnos a lo que los niños hagan de ese relato. Quizá nos sorprenda descubrir que un mismo niño puede identificarse con el lobo y con Caperucita a la vez; un niño que ama a su abuela y al mismo tiempo desea que desaparezca cuando ésta le pellizca las mejillas o le dice que es un niño malo.

Los niños que juegan a polis y cacos no se convierten automáticamente en ladrones o infractores y abogados o policías en función del grupo al que hayan sido asignados.

Y al presuponer iguales efectos en todos los niños y niñas ante un mismo relato, se está perdiendo de vista la riqueza y la variedad de la experiencia individual y subjetiva de cada ser humano.

## «Duérmete niño, duérmete ya, o vendrá el lobo y te comerá»

Muy a menudo, los adultos, conscientes del poder que tienen algunos cuentos en los niños, los utilizan para regañarlos o intimidarlos. Y así, las amenazas se disfrazan de los personajes malvados de los cuentos. Como los cuentos suelen acompañar a la hora de dormir (esa hora en la que el cansancio y la noche nos adormecen y debilitan nuestras defensas) a menudo la amenaza busca conseguir que los niños se vayan a la cama sin rechistar. Así, en países del norte se les cuenta a los niños que el Hombre de la Arena arroja tierra a los ojos de los niños que no se duermen, o aquí viene el hombre del saco o el coco, y se lleva a los niños que no hacen caso.

Pueden ser muchos los motivos por los que un niño se resista a ir a dormir: puede molestarle tener que ir solo a la cama mientras papá y mamá duermen juntos, o puede sentir miedo a la oscuridad, porque cuando está oscuro —y defensas como el raciocinio se debilitan para permitirnos conciliar el sueño— es más probable que los fantasmas internos puedan confundirse entre los objetos reales del entorno. Y pasar miedo no es algo fácil. Todo lo contrario. De modo que hay que ayudar a los niños que tienen miedos, y no atemorizarlos todavía más. A algunos niños les cuesta distinguir entre fantasía y realidad y pueden sentir verdadero terror al imaginar esos personajes. Nuestra responsabilidad como adultos es ayudarlos a trazar esa línea que permite disfrutar de la ficción; y una manera estupenda de conseguirlo es contándoles cuentos que acompañen a dormir. Que es algo muy distinto a usar los cuentos como armas contra los niños.

# Me he separado de mi pareja

Las separaciones de pareja, aunque sean pacíficas y consensuadas, pueden ser muy duras para los niños. Pero no tienen que ser una hecatombe. Además, es mejor que los padres se separen si no quieren seguir juntos como pareja. Continuar la relación a cualquier precio acaba siendo muy caro para todos. Los niños, incluso los más pequeños, se dan cuenta de casi todo. Si la relación de pareja de sus padres no funciona, lo van a percibir. Por mucho que los padres quieran esconderlo, hay reproches, malas miradas, irritabilidad... Un clima emocional que los niños sienten porque viven en él.

## Papá y mamá se separan

Pero, aunque la relación de pareja no tenga solución, los niños suelen desear que sus padres estén siempre juntos. Por eso es tan importante explicarles claramente y sin tapujos que los padres se van a separar. Si papá se va de casa, y los niños se quedan con mamá, hay que contarles lo que está pasando con un lenguaje adecuado a su edad. Pero tengan un año o tengan diez, hay que explicárselo. Yo suelo aconsejar que a un niño se le explique algo así como: «Papá y mamá ya no queremos estar juntos como pareja. Sabes que no nos llevamos bien. Así que nos vamos a separar. Pero no te preocupes, porque seguiremos siendo tu papá y tu mamá aunque no estemos juntos.» Esta explicación tiene dos mensajes que el niño debe recibir con claridad: sus padres ya no están juntos y siguen siendo sus padres.

Insisto, aunque el niño sepa que sus padres no se llevan bien, el deseo que tiene de que sigan juntos es muy fuerte. Así que hay que ser claros con el mensaje de que papá y mamá se separan para evitar posibles fantasías de que pueden volver a estar juntos. Nunca se sabe lo que pasará en el futuro, es cierto. Y hay parejas que se reconcilian. Pero, si se opta por la separación, hay que transmitirle al niño que ésta es definitiva.

## El hijo no es un amigo ni un psicólogo

Pero una cosa es dar una explicación clara y otra es hacer una sesión de terapia con el niño. Siempre recomiendo que los motivos de la separación se expliquen con un «ya no queremos seguir juntos como pareja» o «nos separamos por motivos adultos». Y ya está. No hace falta decirle al niño que papá odia a mamá, o que mamá sabe que papá le ha sido infiel con otra mujer, o que... Al niño no le hace falta saberlo y, además, bastante tiene con procesar que sus papás ya no están juntos como para intentar entender motivaciones adultas como la infidelidad. Intentar que un niño entienda por qué una pareja se acaba (cuando muchos adultos que se separan no logran comprender por qué se ha acabado el amor) es meterse en un terreno muy pantanoso.

Aunque, por desgracia, muchos padres se desahogan con sus hijos o quieren vengarse de su ex dejando a éste como un trapo ante ellos. Es lo que se conoce como el «síndrome de alienación parental». Un progenitor le dice a los hijos que el otro progenitor es mala persona, que en realidad no quiere a sus hijos, que... Esto es algo, evidentemente, que no se debe hacer. Hay que tratar al ex siempre con respeto, porque seguirá siendo toda la vida el padre o la madre de los niños. Esta actitud puede exigir un gran esfuerzo para muchas personas que se sientan traicionadas por su ex. Pero hay que pensar en el bienestar de los niños.

Si, por ejemplo, la madre intenta transmitirle el odio que siente hacia su padre, ¿qué pasará por la cabeza de un niño cuando esté con su padre? Quizá éste es un padre maravilloso, aunque como pareja haya sido un desastre. El niño no puede procesar, a la vez, que su padre lo adora pero tiene que odiarlo, porque así se lo transmite la madre. Así que siempre aconsejo no desahogarse con los hijos descargando en ellos las frustraciones y la tristeza que siguen a una ruptura de pareja. Y tampoco hay que hablar mal de la familia del ex. Por el mismo motivo: los abuelos, los tíos, los primos..., por parte del ex seguirán siendo siempre parte de la familia del niño. No veo mal, por otro lado, que un progenitor pueda mantener cierta relación con la familia del ex. Si uno se lleva bien con la exsuegra, no creo que sea perjudicial para el niño que mantenga la relación.

## «Ya no nos queremos»

Ésta podría parecer la explicación más lógica de una ruptura de pareja: «Papá y mamá ya no nos queremos; por eso nos separamos.» Pero es arriesgada, porque el niño puede pensar que si papá ha dejado de querer a mamá también puede dejar de quererlo a él. No podemos olvidar que la forma de pensar de los niños no es como la de los adultos. Los niños no se plantean que los adultos se pueden dejar de querer, que sus papás (que para un niño son las dos personas más importantes que hay en el mundo) se pueden dejar de querer. Así que, sobre todo si el niño es pequeño, considero que es preferible no decirle que entre papá y mamá se ha acabado el amor. Es mejor, como señalaba, decir que «nos separamos por motivos adultos» o «tú ves que discutimos mucho y no nos entendemos».

## Separarse no es guay

Ojo con el buenrollismo de intentar vender una separación de pareja como algo que va a ser mucho mejor para todos, como

211

algo que será genial, como algo que será fantástico. Muchos padres no quieren que sus hijos sufran, así que intentan hacerles ver que una separación de pareja es genial porque así tendrán dos casas y más regalos por Navidad.

No querer que los hijos sufran es algo, hasta cierto punto, lógico. Pero el sufrimiento no puede ahorrarse a cualquier precio. No es nada bueno desplegar una campaña de marketing para que los hijos crean que la separación de sus padres es algo guay.

Imagine que un amigo suyo le dice que le acaba de dejar su pareja, pero que no pasa nada, que tampoco es para tanto, que está la mar de bien. ¿Qué pensaría?, ¿no le parecería raro? Para los niños, la separación de sus padres es algo doloroso. Y tiene que ser así. Es bueno que sea así. Es bueno que los niños sufran emocionalmente cuando les toca hacerlo, porque, si no, les enseñamos a vivir en la evasión. Hay que educar a los hijos para que vivan en la realidad, no en un mundo feliz y sin sufrimiento, porque, sencillamente, ese mundo no existe. No existen las separaciones geniales, guays, de aquí no ha pasado nada. Si les enseñamos a que cuando sucede algo doloroso en realidad no pasa nada, les enseñamos a vivir en un mundo en el que siempre continúa la diversión. Y eso no es saludable.

Piense en qué necesita de un amigo cuanto usted está sufriendo. ¿Necesita que le diga que «venga, anímate», o necesita sentir que su amigo entiende su dolor? Por tanto, creo que es aconsejable decirles algo así como: «Sé que para ti es doloroso que nos separemos...» Porque los niños deben sentir que sus padres sienten su dolor con ellos. Es la base de la empatía y de la sintonía entre padres e hijos.

## Una nueva vida

Con una separación de pareja llega una nueva vida para todos. Los niños deben acostumbrarse a que tienen una vida con mamá y otra vida con papá. Es importante que los niños mantengan sus rutinas, que sigan haciendo las actividades extraescolares que les gustan, que sigan yendo al parque a jugar con los mismos niños... Pero, como decía, tienen que entender que sus padres están separados. Por eso no recomiendo que los padres hagan muchas actividades juntos. Muchos padres quedan con su ex para ir al cine o celebrar un cumpleaños o pasar la Navidad juntos. Esto es, como mínimo, arriesgado, pues puede confundir a los hijos. Insisto: la fantasía de los niños es que sus padres pueden volver a estar juntos. Y si ven que papá y mamá, por mucho que digan que ya no son pareja, hacen algunas de las cosas que antes hacían como pareja, puede ser un lío para ellos. Además, muchos padres dicen que hacen actividades con sus ex porque es lo mejor para los niños. No lo veo tan claro. Creo que muchas personas hacen actividades con sus ex porque no quieren asumir la separación, porque también tienen la fantasía de que todo puede ser como antes.

## La casa de mamá y la casa de papá

Por otro lado, es bueno que los niños tengan una habitación en la nueva casa de papá o de mamá. Un espacio propio, sólo de ellos, para sentir que tienen un lugar estable en la nueva vida del progenitor que se ha ido de casa. Y es aconsejable que las rutinas temporales sean claras. Si el pacto es que papá se queda con los niños cada dos fines de semana pero puede llevarlos al colegio por las mañanas, perfecto. Si luego hay muchos cambios (papá no está con ellos muchos de los fines de semana que le toca o los lleva algunas mañanas y otras no), algunos niños pueden pasarlo mal. A todos nos gusta tener nuestras rutinas, y más a los niños. No se trata de cerrar la agenda para los próximos cinco años. Se trata de mantener unas rutinas más o menos estables, aunque siempre se pueden hacer algunos cambios, lógicamente.

Y una máxima que creo que es muy importante: cuanto más presente esté en la vida de los niños el progenitor que se ha ido de casa, mucho mejor. Eso no quiere decir que tengan que verlo cada día. Imaginemos que mamá sólo puede ver a sus hijos cada dos fines de semana o que, incluso, vive en otra ciudad y los ve mucho menos. Pues puede hablar con ellos por teléfono un ratito cada tarde. Es una forma de estar presente en su vida, de que no se rompa el vínculo entre ellos.

## Cómo complicar una separación de pareja

Para acabar este capítulo, voy a hacer un repaso de otros de los errores que cometen los padres cuando se separan, aparte de los ya mencionados. Uno muy típico es colmar a los hijos con un montón de regalos para compensarles. Además, muchos ex compiten para ver quién le regala más cosas al niño o quién le compra la bicicleta más moderna. Yo recomiendo que, cuando llega la temporada de regalos ya sea porque es Navidad o el cumpleaños del niño, los ex se llamen para ponerse de acuerdo en hacer regalos complementarios y equivalentes. Asimismo, otro error habitual es no informar en el colegio de que los padres se han separado. Los profesores deben saberlo. Entre otros motivos, porque tendrán que informar a los padres por separado de cómo va el niño en el colegio. Y cada uno de los padres deberá recibir en su casa la correspondencia del colegio.

# Si tengo nueva pareja

Lo infrecuente hoy en día no es separarse, sino estar toda la vida con la misma pareja. Y, del mismo modo que las parejas se separan, las personas rehacen su vida sentimental. Pero a muchos padres se les despiertan miedos cuando tienen una nueva pareja. ¿Se lo digo a mi hijo?, ¿puedo vivir con mi nueva pareja?, ¿cómo se lo tomará mi hijo? Son preguntas que se hacen los padres separados, divorciados o que se han quedado viudos y que tienen una nueva relación.

## Cuándo hacer el anuncio

Creo que es necesario, antes de presentar a la nueva pareja, asegurarse de que los hijos han asimilado la ruptura de sus padres o que han hecho el duelo por la muerte de uno de ellos. En caso contrario, la relación con la nueva pareja puede ser complicada.

Por otro lado, un hijo no tiene por qué conocer todos los rollos que tienen su padre o su madre. Cuando me preguntan por el momento adecuado para explicarle a un hijo que papá o mamá tienen nueva pareja, siempre digo lo mismo: «Primero, asegúrese de que esa pareja es estable.» Ya sabemos que no hay ninguna garantía de que la relación vaya a durar toda la vida, pero no hay que contarle a un hijo todas las citas que se tienen. Los hijos no son amigos, aunque muchos padres se confundan en este sentido. A los hijos no hay que explicarles los rollos de una noche ni angustiarlos con los problemas financieros. No hay que desahogarse con ellos. Pero si la relación de pareja que ha iniciado papá o mamá es estable, considero que el hijo sí tiene que saberlo.

Los niños son radares vivientes. Parece que sólo van a sus cosas, que pasan completamente del mundo de los adultos, pero captan el clima emocional que hay en casa. Si mamá se embarca en una pareja, el hijo verá que pasa menos tiempo en casa, que lee algunos mensajes del móvil con especial interés, que se arregla más... Los niños se dan cuenta rápidamente de que su padre o su madre se ha vuelto a enamorar.

## «Pero ¿cómo se lo explico?»

En el caso de que una persona tenga nueva pareja tras una separación, lo importante es haberle explicado bien la separación al hijo. Si el niño ha entendido que papá y mamá ya no son pareja pero siguen siendo su papá y su mamá, seguramente no se angustiará cuando uno de sus padres le explique que tiene nueva pareja. El problema es que el niño tenga la fantasía de que sus padres pueden volver a estar juntos. Como explico en el capítulo anterior, es fundamental que los padres no confundan al hijo en este sentido. Porque todos los niños tienen la fantasía de que sus padres vuelvan a estar juntos. Por eso es tan importante explicarles bien la separación de pareja y evitar confundir al hijo con una hipotética reconciliación. Y, cuando se anuncia que papá o mamá tienen nueva pareja, se rompe esa ilusión. Algo que puede ser doloroso para el niño. Por mi experiencia he comprobado que si la separación se ha realizado y explicado bien, esto no suele ocurrir.

## Los miedos de los niños

Algo que ayuda mucho es explicarle al hijo que «ahora, podremos hacer cosas juntos tú, yo y mi pareja». Es necesario que el niño sienta que lo integran en esa pareja. Porque es cierto que muchos niños pueden tener miedo de que su padre o su madre lo quieran menos. Es evidente que si una persona tiene nueva pareja pasará tiempo con ella, y quizá algo menos de tiempo con el hijo. O, como mínimo, el hijo tendrá que compartir tiempo con la pareja, un tiempo que antes su papá o su mamá le dedicaban en exclusiva a él.

El niño se asusta ante la posibilidad de perder algo del amor de su padre o su madre. Por eso es recomendable que, durante los primeros meses tras el anuncio y la incorporación de la nueva pareja, papá o mamá estén atentos a las reacciones del hijo y se ocupen de la situación. Pero no hay que hiperocuparse, porque, en este caso, el niño puede aprender que «si me pongo problemático, obtendré más tiempo y atenciones». Poco a poco, el niño irá aceptando a la nueva pareja.

## El rol de la nueva pareja

Los vínculos afectivos necesitan tiempo. Hay padres que sienten la necesidad de que su hijo quiera a su nueva pareja casi inmediatamente. Aunque su sentido común les diga que eso es imposible, en el fondo desean que ocurra. Evidentemente, la nueva pareja tendrá que ganarse poco a poco el afecto del niño. En este sentido, la clave está en la habilidad de la nueva pareja para saber cuándo tiene que jugar con el niño, cuándo debe realizar un gesto cariñoso, cuándo debe mantenerse al margen... Y, claro, en las ganas que tenga de implicarse en la vida del niño. Una táctica que puede funcionar es intentar realizar juntos actividades que le gusten al niño, como ir al cine o al parque.

Es importante que el niño perciba que la nueva pareja no va a desbancar a mamá o papá. Una ley universal de la infancia es que los niños hacen lo que pueden para ser el centro de la vida de sus padres. Por eso hay que tener cuidado y no comprar el afecto del niño. Hay personas que creen que con entradas para el cine, juguetes o ropa el niño se sentirá querido. Y sólo sentirá que el adulto intenta sobornarle. Así que aconsejo que papá o mamá y su nueva pareja hagan su vida con normalidad. Si el niño ve que su papá o su mamá están contentos con su nueva relación de pareja, la aceptarán sin ningún problema.

Un caso particular es el de las personas viudas con nueva pareja. No es lo mismo que una relación se rompa porque vaya mal, que quedarse viudo. El duelo es diferente, quizá se tarda más. La nueva pareja tiene que entender que el fallecido, aunque ya no esté, ocupa un lugar diferente al que ocupa un ex tras una ruptura, aunque éste tampoco esté. Y la nueva pareja no puede pretender que el niño le llame «papá» o «mamá». Aunque muerto, el niño tuvo un padre o una madre. Por otro lado, no hay que tener miedo a hablar de la persona desaparecida. El niño necesitará hablar de este tema. Hay que permitir que el niño hable de su madre o padre fallecido cuando lo necesite, aunque la nueva pareja esté delante.

## «¿Y si queremos vivir juntos?»

Éste es un paso que preocupa a muchos padres. Y un error muy habitual es pedirle permiso al hijo. Como ya he dicho, los hijos no son amigos. Hay decisiones que deben tomar los adultos. Ésta es una de ellas. A los padres les preocupa ser aceptados por sus hijos en sus nuevas decisiones. En ocasiones, no es cómodo ser padre. El error es buscar la aprobación del hijo. Se ve con frecuencia que los padres no se atreven a tomar decisiones por miedo a que sus hijos no las acepten. Si un adulto quiere convivir con su pareja, y cree que el vínculo de ésta con su hijo es correcto, se lo puede comunicar al hijo. Si el plan incluye cambio de casa, es bueno explicarle al niño que tendrá una nueva habitación, por ejemplo. De este modo, puede empezar a visualizar su nueva vida. En el caso de que no acepte esta decisión, si se muestra muy celoso, si boicotea la nueva relación, seguramente es que aún no ha aceptado la ruptura de sus padres. Lo mejor es acudir a un psicólogo clínico o un psicoanalista para que le ayude a trabajar en la separación.

## La convivencia con la nueva pareja

Creo que lo más importante es tener claro que la nueva pareja no es el padre o la madre del niño. Pero tampoco es un amigo. Es una persona que tiene un rol adulto en la casa, que puede y debe tomar muchas decisiones del día a día del niño, pero que debe ser prudente cuando se trate de decisiones de gran relevancia. Lo difícil es que la nueva pareja vaya encontrando cuál es su lugar respecto al niño. Por ejemplo, la nueva pareja puede decirle al niño que tiene que hacer la cama, pero debe respetar que sus padres decidan si puede ir a un campamento en verano. Como ya he señalado, se trata de tener paciencia y dejar que el vínculo se fortalezca poco a poco.

## La convivencia con los hermanastros

También habrá que tener paciencia e ir introduciendo poco a poco a los hermanastros en la vida de los niños. Generalmente, se fracasa de forma estrepitosa cuando se le dice a un niño: «Ahora tienes que jugar con tu nuevo hermano y quererlo mucho...» O se le cambia de cole para que vaya al mismo colegio que su nuevo hermano. Es importante que los niños mantengan su independencia. Hay que tener en cuenta que pueden tardar en acostumbrarse porque la nueva situación es una imposición y no un deseo de ellos.

# Si somos padres homosexuales

En una sociedad ideal no pasaría nada. Pero bastantes padres homosexuales acuden a consulta porque saben que la sociedad no es ideal. Les preocupa, por ejemplo, que su hijo sea acosado en la escuela porque «no tiene mamá» o «no tiene papá». Saben que un sector numeroso de la sociedad tiene prejuicios hacia los homosexuales y, sobre todo, hacia el hecho de que puedan tener hijos.

## «¿Qué le podemos decir a nuestro hijo?»

Por eso es importante que, cuando el niño tenga unos tres añitos, cuando esté a punto de entrar en la guardería, se le explique que forma parte de una familia diferente. Ni mejor ni peor, sino diferente a la mayoría de las familias. Como todos los padres, también tendrán que explicarle un día cuál es su origen. Como comento en el capítulo «Mi hijo me pregunta sobre sexo o de dónde vienen los niños», llega un momento, hacia los tres años de edad, cuando la mamá u otras mamás de la guardería se quedan embarazadas, en que los niños preguntan sobre su origen.

Las parejas de mujeres homosexuales que hayan recurrido a un método como la reproducción asistida pueden explicar a su hijo que ambas querían tener un hijo y que decidieron quién lo llevaría en su vientre. Así que un hombre puso una semillita en una de sus mamás. Por ejemplo, gracias a que fueron a una clínica para que le pusieran la semillita. Si los padres son dos hombres que han recurrido a una madre de alquiler, tendrán que explicar una historia parecida. Y pueden decir que la semillita es de uno de ellos. Es importante que los niños entiendan que los niños se gestan con la semillita de un hombre en una mujer. Es lo que aprenderán en la escuela. Si los padres han adoptado al niño, le tienen que explicar la verdad, como aconsejo en el capítulo «Mi hijo es adoptado».

En todos los casos, será necesario explicarle la historia sobre su origen varias veces. Los niños necesitan que se les repita las cosas para poder asimilarlas. Y hay que dejarles bien claro que no todo el mundo va a entender que ellos también son una familia. Hay que explicarles que seguramente alguien les dirá que eso no está bien, que una pareja de homosexuales no puede criar a un niño. Los niños deben estar preparados para escuchar este tipo de discursos.

## La orientación sexual de los futuros adultos

Hay padres homosexuales a los que les preocupa cuál será la orientación sexual de sus hijos. Han vivido en primera persona lo que significa sentirse discriminados por su condición sexual y muchos no desean que su hijo tenga que pasar por lo mismo. Y tienen miedo de que sus hijos sean homosexuales por el hecho de criarse con unos padres homosexuales. Suele ocurrir cuando dos hombres crían a un niño o cuando dos mujeres crían a una niña. Los padres que consultan por este motivo tienen, aunque parezca paradójico, algún prejuicio hacia la homosexualidad en el fondo de ellos mismos. Seguramente han tenido que aguantar los comentarios, los insultos y la discriminación de muchas personas, quizá de sus propios padres, y eso les ha dificultado aceptar del todo su condición. Les es difícil sentirse verdaderamente aceptados por la sociedad. En estos casos, se trata de trabajar sus prejuicios. Porque la condición sexual de sus hijos no dependerá de que se críen con unos padres homosexuales.

## Dos papás y dos mamás

Otra preocupación de algunos padres homosexuales es si la crianza de su hijo se verá afectada por no tener mamá o no tener papá. Pues que no se preocupen. No hace falta tener una mamá y un papá para criar a un hijo. Lo que sí que hace falta es que uno de los padres asuma la función paterna y que otro asuma la función materna, como explico en la introducción.

En las parejas heterosexuales, la función materna la suelen desempeñar las madres, y la paterna, los padres. Pero estas funciones no están ligadas al sexo. El hombre puede realizar la función materna, y la mujer, la paterna. ¿Qué entendemos por función materna? La persona que realiza esta función es la que, principalmente, alimenta al niño, descodifica sus deseos cuando es un bebé, lo protege, lo acoge... Hace todo aquello que permite que el hijo y quien realiza esta función se sientan unidos. Como cuando una madre da el pecho a su bebé.

En cambio, la función paterna consiste en despegar al niño de la madre. Quien realiza esta función es quien dice a la madre que no lo puede mimar tanto, quien le dice al niño que se porte bien y que no agobie a la madre. Es decir, lo guía en su camino hacia la independencia. Y, en una pareja, ya sea heterosexual u homosexual, estas funciones se pueden intercambiar. Por ejemplo, una persona puede realizar frecuentemente la función paterna y, de vez en cuando, la materna.

Recuerdo que hace años, antes de que en España entrara en vigor la ley que permite el matrimonio entre homosexuales, vino a mi consulta una pareja de hombres que tenían una niña. Uno de ellos, que trabajaba como policía, se había quedado con su custodia tras la muerte de los padres de ésta, que eran la hermana y el cuñado del policía. Resulta que la pareja del policía era pastelero. Cuando el pastelero y la niña se quedaban a solas, él le hacía unos estupendos pasteles de chocolate (doy fe de ello, porque en una ocasión trajo uno a la consulta). Pero el policía le tenía prohibido comer chocolate a la niña, ya que a ésta le producía una ligera reacción alérgica. Aquí vemos un ejemplo de función materna y de función paterna. Uno mima y el otro establece los límites. Esto es lo que necesitan los niños, y da igual que se lo proporcionen dos hombres o dos mujeres o un hombre y una mujer.

A algunos padres homosexuales les preocupa que el niño no tenga la referencia de una persona del sexo diferente al de ellos. Pero el niño tendrá cerca la figura de una abuela, una tía o una amiga de los padres, así que lo femenino estará presente en la vida de una familia en la que los padres son dos hombres. Y lo mismo para la presencia de lo masculino en el caso de las parejas de mujeres.

# Mi hijo es transexual

Hace siete años, en la primera edición de este libro, me pareció muy necesario incluir un capítulo dedicado a familias homosexuales. Recibía las consultas de padres homosexuales preocupados por las repercusiones que su sexualidad podía tener en la vida presente de su hijo, o en su futura orientación sexual. Hoy recibo cada vez más consultas relacionadas con la orientación sexual de un niño o niña, o con su identidad de género.

Afortunadamente, la sociedad avanza y muchos de los prejuicios, fobias y tabúes que rodean al colectivo LGBTIQ+ están pudiendo ser cuestionados y retroceder. Aunque es cierto que queda mucho camino por recorrer. No es mi intención la de ahondar en los logros y las trabas de ese camino que como sociedad debemos seguir recorriendo. Excede las pretensiones de este libro, que no son otras que las de pensar la infancia y las relaciones entre padres e hijos. De modo que le pido que haga el esfuerzo que me he propuesto yo e intente dejar un poco de lado los discursos que labran ese camino, que son discursos de y entre adultos, para poder centrarnos en la infancia.

## «Mi hijo quiere ser del otro sexo»

Así inició la entrevista la madre de un paciente de siete años que necesitaba con cierta urgencia un informe psicológico que avalara un tratamiento hormonal para empezar, cuanto antes mejor, el tránsito del hijo, quien afirmaba que «quería ser mujer lo antes posible». Nunca cuestioné su deseo, aunque me sorprendió que usara la palabra «mujer» en vez de «niña». Algo del orden de la prisa rodeaba el caso. Y como psicoanalista de niños siempre he defendido el derecho de los niños a darse un tiempo; un tiempo para aprender, para equivocarse, para descubrir quiénes son y quiénes quieren llegar a ser. De modo que eso fue lo que propuse a esta familia: tiempo. Tiempo para entender. Quizá yo mismo necesitaba tiempo para acercarme a la realidad de mi paciente y poder ayudarlo y acompañarlo en su deseo. Y aproveché ese tiempo para estudiar y documentarme. Me interesa aquí citar al sociólogo trans Miquel Missé: «Yo sencillamente no creo que exista gente con cerebros de hombre y de mujer, no creo que exista una identidad innata preestablecida. A los discursos que dicen que la identidad de género se fija en torno a los dos o tres años, creo que les faltan complejidad y matices porque tú puedes no tener en la infancia una identidad definida o tener una identidad que no es la que se te ha asignado al nacer porque estás explorando y tratando de entender. En la infancia hay muchos momentos en los que, mientras están aprendiendo que el mundo es binario, hay mucha fluidez y yo creo que la fluidez hay que cultivarla.»

De esa fluidez, tan específica de lo infantil, nos ocupamos los psicoanalistas de niños. Y tras discutir esta cuestión con varios colegas, puedo asegurar que no he encontrado a ninguno en contra de las transiciones de género, pero sí a muchos alarmados por la precocidad de algunos tratamientos hormonales.

## La invasión de la sexualidad adulta en el mundo infantil

Como comento en el capítulo dedicado a las pantallas, la televisión inauguró un camino que vinieron a ahondar el resto de las pantallas: el borrado del límite que separa el mundo adulto del mundo infantil. Hoy cualquier niño puede ver a adultos practicando *edredoning* desde el salón de su casa, o acceder a páginas web de pornografía deslizando su dedo en la tableta o el iPhone de papá o mamá. Aquello que debería estar custodiado por los adultos está al alcance de cualquier niño.

Pero no podemos contentarnos con echar toda la culpa a la tecnología. Como comento en el capítulo «Mi hijo es un prodigio», la sociedad actual adultifica a los niños de muy diversas maneras: se les exige que sean emprendedores, que adopten posturas políticas, que dominen varios idiomas, deportes o instrumentos. Todo ello, a menudo, a costa de la infancia; es decir, a costa de ese tiempo no productivo (en términos capitalistas) de aprendizaje y de juego. Son muchas las situaciones que podrían ejemplificar este proceso de adultificación al que intento referirme. Hoy, por ejemplo, escucho a padres que consultan con sus hijos cuándo y qué quieren cenar, o dónde quieren dormir..., como si un niño tuviera herramientas y recursos suficientes para saber y decidir sobre su nutrición o su biorritmo. Aquí creo que se malinterpreta la progresiva democratización de la sociedad. Seamos honestos: una familia no es una democracia; una de las partes, los adultos, juega con ventaja (con experiencia, con bagaje). Los adultos tienen el poder y siempre lo tendrán. Otra cosa es cómo quieran o puedan ejercerlo.

Bien, volviendo al tema que nos ocupa, creo también que se adultifica a un niño cuando se le da el falso poder de decidir sobre su sistema endocrino o se le alienta para que decida sobre su identidad de género mucho antes de haber accedido al mundo de la sexualidad adulta.

Considero que favorecer ese discurso adultificado sobre la identidad de género en los niños puede llegar a provocar colapsos en la futura identidad sexual y genérica que, si hacemos una lectura más profunda de las teorías de género más representativas, debería estar en constante evolución y movimiento y no atrapados en una única identidad que vuelve a ser binaria y no múltiple y que coloca sobre el cuerpo (y no sobre el inconsciente) su más pesada carga.

Cuando desde un discurso antropológico, sociológico, psicológico y psicoanalítico se está permitiendo que un niño de corta edad despliegue una fantasmática de tipo trans y no sólo se lo aplaude si no que se lo televisa y se difunde en las redes sociales, posiblemente se está siendo cómplice de un ataque a la infancia. En el sentido de que se le está exigiendo una definición y determinación que probablemente exceden sus capacidades, posibilidades y deseos.

¿Estoy pues en contra de las transiciones de género? Para nada. Estoy a favor de tomarse tanto tiempo como sea necesario para tomar una decisión tan trascendente. Creo que hay que escuchar y acompañar a los niños y niñas que por las razones que sean no sienten su cuerpo como algo que les pertenece, con lo que explorar el mundo y a sí mismos. Hablar, escuchar y jugar tanto como podamos. Para que el día de mañana cuenten con todas las herramientas y apoyos necesarios para tomar la decisión que necesiten, sintiéndose tan libres y dueños de su vida como sea posible.

## Sobre sexo, género, identidad y orientación sexual

En una sociedad ideal todos disfrutaríamos de la libertad de ser, mostrarnos y disfrutar como nos plazca, sin necesidad de encajar en categorías o atender a prejuicios. Pero la sociedad dista mucho de ser ideal. Y exige, quizá hoy más que nunca, definirnos: encajar en una etiqueta u otra en función de nuestra apariencia, nuestros gustos, nuestra forma de ser, vestir, pensar, enamorarnos... Esta necesidad de definición y de encaje, a menudo exige verdaderas y profundas transformaciones y reflexiones. Un buen ejemplo para pensar este complejo proceso es el caso de las identidades *trans*.

Para acercarnos a la cuestión, es necesario introducir tres pares de opuestos, concebidos —tradicionalmente— de forma binaria. Me refiero a los conceptos: sexo, género y orientación sexual. Son éstos, de hecho, los tres criterios binarios de los que hoy por hoy hacen uso los psiquiatras, psicólogos, sexólogos y hasta juristas para definir las identidades sexuales.

El sexo remite al cuerpo sexuado, a los genitales y las hormonas, podríamos decir al macho y la hembra. Mientras que el género es una construcción cultural; es el equivalente socio-psico-cultural del sexo. Y la orientación sexual se refiere a la atracción emotiva, afectiva y erótica hacia los miembros del mismo sexo, del sexo opuesto o de ambos. La orientación sexual de un sujeto designa la dirección de sus deseos y no interfiere con la identidad de género. Hoy nuevos e interesantes discursos discuten la tradicional concepción binaria de estos tres conceptos.

En este terreno, *lo tradicional* se acerca a conservador, a falta de amplitud. Y puede que sea cierto; muchos adolescentes nos enseñan que se sienten mucho más cómodos en un mundo más fluido y menos binario en el terreno de la identidad de género y la orientación sexual que los que pertenecemos a generaciones anteriores. Y sabemos que, bajo el manido disfraz de «la adolescencia difícil» se esconde la otra cara de la moneda: la de una sociedad difícil, incomprensiva y a veces inexorable frente a la ola de crecimiento, lúcida y activa, de quienes quieren actuar sobre el mundo y modificarlo bajo la acción de sus propias transformaciones. Pero todo ello no significa que podamos desprendernos de esa tradición de un plumazo, aun en el hipotético escenario de que toda la humanidad estuviera a favor de tomar esa decisión. Nos preceden siglos de «tradición binaria» que siguen teniendo, para bien o para mal, un peso decisivo en cuestiones como las identidades de género.

A unos padres embarazados en la visita donde se realiza la ecografía del 5.º mes, el ecografista les pregunta: ¿quieren saber el sexo? A partir de entonces, género y sexo se imbricarán de una particularísima forma en cada caso, en base a las fantasías de los padres, su entorno y las futuras experiencias de cada uno. Desde el psicoanálisis sabemos que mucho antes, seguramente desde su propia infancia, esos padres comenzaron a imaginar un hijo y a darle un valor a tener un hijo de uno u otro sexo. La pregunta ante la ecografía (ante su propia función materna y paterna) pone en marcha todas esas fantasías sobre la sexualidad de ese hijo por venir que, desde ese mismo momento, comienzan a ser proyectadas hacia ese futuro hijo.

## Volvamos a la infancia

Teniendo en cuenta estos tres conceptos y pensando en la infancia: ¿Qué se va a dar antes? ¿La noción de sexo o la identidad de género? ¿Cómo se apropia el niño de una identidad de género?

Si tenemos en cuenta esas fantasías de los padres ante la ecografía, o las que tuvieron lugar mucho antes, cuando jugaban de niños, puede que el género anteceda al sexo; puede que cuando un niño descubre la diferencia sexual anatómica disponga de una información que le permitirá simbolizar a posteriori la transmisión cultural sobre el género, que le es transmitida y hasta impuesta desde el nacimiento. La identidad de género comienza a constituirse antes de que se descubra la diferencia de sexos. El niño distingue entre individuos pertenecientes a los géneros femenino y masculino —por sus comportamientos, costumbres, tono de voz, etc.— y llega a considerarse como integrante de uno de esos dos grupos antes de percibir la diferencia anatómica de sexos. Todo el proceso está inextricablemente ligado a las fantasías inconscientes de los padres.

Y los niños son niños, psiquismo en formación, tierra en barbecho diría el psicoanalista Masud Khan, donde va a crecer aquello que siembre el deseo de los adultos y de la sociedad donde los mismos crecen. Ubicar a un niño en el terreno trans —sembrar esa semilla y regarla y abonarla con elementos tan poderosos como la atención y preocupación paternas— puede tener efectos tan encasilladores y deterministas como ubicarlo en la categoría «masculina», «femenina». Inscribirlo en el Registro Civil bajo un nombre neutro, a la espera de que sea él mismo quien decida sobre su género, ¿acaso no puede tener el mismo peso que ponerle el mismo nombre que papá?

## Entonces... ¿qué medidas tomar?

Tiempo. Tómense todo el tiempo que necesiten. Para algunos, ese tiempo puede conseguirse mediante tratamientos hormonales capaces de frenar la pubertad, que evita la aparición de los caracteres sexuales secundarios (con la ayuda de medicamentos como el Triptorelin, bajo cualquiera de sus marcas comerciales); según endocrinos expertos en la materia, éstos no deberían administrarse antes de los 10 u 11 años, y se puede empezar entre los 14 y los 16 años, si se considera, con la terapia hormonal cruzada, siempre contemplando las particularidades de cada caso. Para otros, medicalizar este proceso supone interpretarlo casi como una enfermedad a tratar, y defienden que cualquiera pueda crecer con su dotación genital mientras madura libremente la identificación con el género que sea. Estos últimos alertan también de los posibles efectos secundarios de la administración de hormonas en la infancia, pues sabemos que el sistema endocrino tiene múltiples, complejas y recíprocas relaciones con los demás sistemas corporales.

Para los psicoanalistas que trabajamos con niños, ese tiempo tiene que ser un tiempo de elaboración de todas esas fantasías que se despiertan desde la concepción del hijo, una elaboración que permita apropiarse de ese complejo entramado de proyecciones e identificaciones que definen las relaciones entre padres e hijos, para que cada uno pueda armar tan libre y creativamente como sea posible su propia identidad. Ojo, no será una identidad definida exclusivamente en términos de género, sexo u orientación sexual. Todos somos mucho más que un «trans» o un «cis-género». Yo más bien apuesto por identidades que escapen a cualquier etiqueta, del tipo que sea. Sobre todo en la infancia, cuando todo está por escribir.

# Si somos una familia monoparental

Cada vez hay más familias monoparentales. Hombres o mujeres que deciden criar a sus hijos en solitario (ya sean hijos adoptados o biológicos) o porque el otro progenitor se desentiende del pequeño o ha fallecido. Aunque en la inmensa mayoría de estas familias es una mujer la que se encarga del niño.

## Dos en uno

Como ya he señalado en la introducción, es importante que, en una familia, uno de los padres desempeñe la función materna, y otro, la función paterna. La función materna consiste en alimentar al niño, cuidarlo, protegerlo, intentar saber qué le pasa cuando llora... Y la función paterna consiste en separar al niño de quien realice la función materna. De este modo, se anima al niño a que sea más independiente. Estas funciones no dependen del sexo del adulto. Una mujer, en una familia heterosexual u homosexual, también puede ejercer la función paterna. Y ambos progenitores se pueden intercambiar los roles.

Pero, claro, en una familia monoparental hay un adulto, no dos. ¿Qué suele pasar? La función materna suele estar muy bien cubierta. Incluso cuando es un hombre quien cría a sus hijos.

Papá o mamá dan mucho amor a sus hijos. Un amor que es absolutamente necesario para el niño. Aunque esta función materna tiene un riesgo: que papá o mamá se fusionen con su hijo.

Creo que ésta es la principal dificultad a la que se enfrentan las personas que crían solas a sus hijos: se puede crear una relación progenitor-hijo muy dependiente. De todos modos, también ocurre que algunos progenitores son demasiado estrictos, porque son conscientes de que no pueden fomentar una dependencia de su hijo hacia ellos. Pero lo que más suele verse es un exceso de función materna. Es decir, que el hijo esté excesivamente apegado a su progenitor.

## Un trabajo doble

Así que es importante que los padres que crían solos a sus hijos reflexionen con regularidad sobre cómo están gestionando ambas funciones. Porque tendrán que hacer un trabajo doble. Y, sobre todo, tendrán que reflexionar sobre cómo están llevando a cabo la función paterna, que consiste en hacerle ver al niño que ellos, como padres, no viven única y exclusivamente para él. Es una función muy importante que debe iniciarse hacia los seis meses de vida para que el niño no se enganche demasiado a la función materna. Ésta seguirá siendo muy importante, pero habrá que dosificarla.

Por eso, criar solo a un hijo es un trabajo doble. Hay quien dice que por esta razón es imposible que una persona sola críe bien a sus hijos. Según esta regla, todos los hijos de madres solteras o de viudas serían carne de psicoterapeuta. Y no es así. La monoparentalidad no es la situación ideal. Pero una persona puede ejercer la función materna y la función paterna, aunque no sea una tarea sencilla. Lo importante es ser consciente de ello. De todos modos, es una actitud que muchos padres que crían solos a sus hijos tienen en cuenta sin que nadie se lo diga. Se dan cuenta de que llega un momento en que tienen que enseñar a su hijo a estar solo, a que no viven exclusivamente para él.

## «¿Y cómo lo hago?»

Hay múltiples ejemplos de la vida cotidiana que nos ayudan a entender cómo gestionar la función materna y la función paterna. Partimos de que durante los primeros meses de vida la función materna es la protagonista. Luego hay que empezar con la paterna. Se trata de que el niño duerma solito en su habitación (hacia los dos meses de vida), de que ya no tome el pecho o el biberón a demanda (hacia el mes y medio o los dos meses), de no cogerlo en brazos siempre que lo pida (hay que empezar lo antes posible).

Aunque ambas funciones (materna y paterna) se mantienen a lo largo de la vida del niño. En mi opinión, el arte está en saber cuándo echar mano de una y cuándo echar mano de la otra. Por ejemplo, atar los cordones al niño es una función materna. Decirle que a partir de ahora se los tiene que atar él es función paterna. El mismo progenitor tendrá que ser quién diga un día: «Vale, te dejo ver la tele un poco más» (función materna), y al siguiente se ponga serio para que su hijo se vaya a la cama (función paterna).

## Cómo ser tres siendo dos

Éste es un juego de palabras que me ayuda a plantear un tema muy importante para los psicoanalistas que trabajamos con niños: la terceridad. Es decir, la importancia de la presencia de un tercero. Aparte de que el progenitor se maneje bien con las dos funciones explicadas, es importante que haya un tercero en la relación con su hijo. La función paterna es muy importante para evitar la fusión progenitor-hijo. Como decía, el mayor riesgo de las familias monoparentales. Pero es importante que haya un tercero. No es suficiente con saber desempeñar correctamente ambas funciones. Al decir que es necesario que haya un tercero no quiero decir que el progenitor esté obligado a tener pareja si no quiere. Ese tercero puede ser una pareja, o puede ser el trabajo del progenitor, o una pasión por la música, o una pasión por viajar... Algo que le haga ver al niño, como ya he dicho, que no es lo único en la vida de su papá o su mamá, que su progenitor tiene una vida aparte de él.

## «Mami, ¿Yo no tengo un papá?»

Como explico en el capítulo «Mi hijo pregunta sobre sexo o de dónde vienen los niños», llega un momento en que un niño pregunta sobre su propio origen. Y es muy importante explicarle la verdad. Si uno de los padres ha muerto o se ha desentendido, habrá que explicárselo. En este último caso, no creo que sea necesario ser muy duro con los detalles: «Tu padre era un cerdo y un borracho.» Se puede decir lo mismo de una forma menos violenta: «Tu padre no quiso ocuparse de ti.»

Si la madre ha tenido a su hijo por reproducción asistida, le puede explicar que deseaba mucho tener un hijo. Y que, como estaba sin pareja, fue a que le pusieran una semillita de un hombre para quedarse embarazada. O que fue adoptado. Lo importante, más allá de cómo se tuvo al hijo, es transmitirle a este que su padre o su madre tenían un deseo muy intenso de tenerlo.

De todos modos, es importante que el niño entienda que ha habido un hombre que ha puesto su semillita, para que le quede claro que tener un hijo es una labor de un hombre y una mujer. No son situaciones que los niños pequeños entiendan fácilmente, porque, a su alrededor, no abundan. Pero hay que empezar a explicar la verdad desde muy pequeños, para que puedan empezar a comprenderla.

# Hijos adoptados

Cada vez más parejas adoptan, ya sea porque no pueden tener hijos biológicos o porque consideran que, aun pudiendo ser padres de forma biológica, adoptar es una opción generosa y altruista. De este modo, una pareja o una persona consigue tener un hijo, y el niño consigue una familia. Pero hay que ser conscientes de los problemas que se pueden derivar de la adopción. Por ejemplo, prácticamente ya no se realizan adopciones nacionales, es decir, la adopción de un niño del mismo país que el de los padres. La mayoría de las adopciones son internacionales. Así que los niños inician una nueva vida con un doble estigma: el de ser adoptados y el de ser diferentes, en muchos casos, que los niños del país de llegada. Y tanto padres como niños van a tener que lidiar con este doble estigma. En un mundo ideal, no habría ningún problema con que los niños fueran diferentes, ya sean chinos o negros, por ejemplo. Pero, desgraciadamente, no vivimos en un mundo ideal.

## La verdad y nada más que la verdad

Lo he dicho varias veces a lo largo del libro y no me cansaré de repetirlo: siempre se ha de explicar la verdad a los niños. Sea cual sea ésta. Llega un momento en que todo niño pregunta por sus orígenes, como ya explico en el capítulo «Mi hijo me pregunta sobre sexo o de dónde vienen los niños?». Y no se le puede mentir. No se le puede robar su origen. Los niños adoptados a los cuales se les ha mentido acerca de su origen lo acaban pagando.

Suelen ser niños con problemas de lenguaje o de conducta. Saben que se les oculta algo. Saben que hay una mentira muy importante en la familia. Y se rebelan contra ella.

Para bastantes padres adoptivos es muy incómodo responder a las preguntas de un niño adoptado sobre su origen. Pero, insisto, hay que contar la verdad. Los niños suelen empezar a preguntar por su origen a eso de los tres años, cuando su mamá o la mamá de algún compañero de la guardería se quedan embarazadas. Hay padres que prefieren explicarles alguna mentira o alguna media verdad más o menos elaborada. En este caso, creo que es importante plantearse los verdaderos motivos de que no se cuente la verdad. Algunos padres dicen que su hijo no entenderá que ha sido adoptado. Dicen que mienten por proteger al niño. Pero se miente para protegerse a uno mismo. Quizá esos padres se sienten culpables por haber ido a otro país a llevarse a un niño y satisfacer sus deseos de paternidad. Quizá sienten, en el fondo de sí mismos, que hay algo que no está del todo bien en el hecho de irse a un país pobre a adoptar un niño. Y esa culpabilidad los lleva a mentir a su hijo. O se sienten mal porque no han podido ser padres de verdad. Están heridos en su narcisismo.

Por ejemplo, algunos padres le dicen al hijo que él estuvo en la barriga de mamá, y piden a la familia que les secunden en esa mentira. Hay padres, incluso, que se van varios meses al país en que adoptarán con el pretexto de que les ha salido trabajo, por ejemplo. Y desde allí comunican a la familia y los amigos que la mujer se ha quedado embarazada. He conocido casos en los que envían fotografías simulando que la mujer tiene la barriga de una embarazada. Entonces hablamos de un doble engaño: hacia los hijos adoptados y hacia los abuelos y el resto de la familia. Estos casos nos muestran la fuerte ambivalencia que en ocasiones genera la adopción. Muchos padres adoptivos tienen miedo de que sus propios padres vean mal esta opción.

Mentir a un niño sobre sus orígenes es una de las mentiras más traumáticas que puede recibir. En mi consulta he tenido padres adoptivos que no saben muy bien cómo explicarles a sus hijos su historia. No se trata de explicarle al niño una complicada historia socio-político-biológica sobre el estado del mundo y las dificultades de algunas mujeres para tener hijos biológicos. Si un niño de tres o cuatro años pregunta sobre su origen y es adoptado, se le puede decir algo así como: «Tú estuviste en la barriga de una mujer que no te podía cuidar. Y papá y mamá queríamos tener un hijo y mamá no se quedaba embarazada. Así que fuimos a recogerte al país del que vienes.» Seguramente, el niño hará más preguntas, como: «¿Por qué no me podían cuidar?» Se le puede decir que su mamá murió y él estaba en un orfanato, si ésta es la verdad. En general, lo aconsejable es decir la verdad sin cargar las tintas. Si el padre biológico era alcohólico y mató a la madre, no creo que haga falta decírselo. Es mejor insistir con: «La mamá que te llevó en la barriga no pudo cuidarte y nosotros sí queríamos hacerlo.» Cuando sea adulto ya podrá tener más detalles sobre su madre biológica.

## «¿Cuándo empezamos a contarle su historia?»

Hay que empezar a contarles la verdad cuanto antes. Y no se puede mentir a los tres años a un niño o negarle una explicación porque «es demasiado pequeño». Un niño de tres años ya puede empezar a entender que es adoptado. Habrá que explicárselo varias veces a lo largo de los años, pero, cuanto antes se empiece, mucho mejor. Incluso se le puede empezar a explicar la verdad a un bebé de seis meses. Evidentemente, no lo va a entender, pero tampoco entiende muy bien que le expliquemos cómo se llama el abuelo o que han venido los primos a verle, y bien que lo hacemos. A los niños se les empieza a hablar y explicar cosas desde que están en la barriga de su madre. A un bebé de seis meses se le puede contar un cuento en el que un niño es adoptado en un país lejano. Se le cuenta su adopción como si fuera un cuento. Y se repite las veces que haga falta.

## Llevarlo o no al país de origen

Muchos padres se plantean si deben llevar a su hijo adoptado a su país de origen para que conozca a su madre o padre biológicos o a ambos, si es que viven. Yo no lo recomiendo. Creo que hay que esperar a los 18 años de edad, cuando el hijo ya puede tomar legalmente por sí mismo esta decisión. Considero que para un niño puede ser muy complicado conocer, por ejemplo, a su madre biológica, que vive a miles de kilómetros de distancia. Aunque muchos padres guardan durante años toda la documentación y todos los datos necesarios para que su hijo, si lo desea, en el futuro, pueda encontrar a sus padres biológicos. Me parece una buena idea.

Pero me parece muy bien llevar al niño a que conozca su país de origen si el niño insiste o los padres ven que echa de menos algunas cosas de su país. Imagine que usted siempre ha escuchado el mismo idioma y está acostumbrado a un tipo de comida de su país, a unos olores, a un clima... Y lo sacan de ese mundo y se lo llevan a otro. Eso es lo que les pasa a los niños adoptados. Por eso, los niños se adaptan mucho mejor a su país y familia de acogida cuando han sido adoptados muy pequeñitos. Pero aunque un niño haya sido adoptado con menos de un año de edad (una auténtica suerte para él y para sus padres porque muchas veces los niños se adoptan a una edad más elevada), hay que tener en cuenta que durante varios meses ha escuchado otro idioma, ha estado en contacto con otros olores, ha vivido en otra realidad. Y se le expulsa de ella. Algo que puede ser traumático. En ocasiones, los problemas psicológicos que sufren los niños adoptados se deben a que han perdido su pasado.

En Barcelona, hay varias familias que han adoptado a niños nepalíes. Son familias que se han conocido en Nepal durante el proceso de adopción o, ya en Barcelona, se han buscado para compartir experiencias. Y todas ellas dan a sus hijos un ingrediente picante típico de la comida nepalí. Se han dado cuenta de que sus hijos estaban muy acostumbrados a un condimento que, creo, sólo se puede comprar en una tienda de la ciudad. Añadir ese condimento a la comida les permite mantener contacto con su realidad de origen. Les ayuda a tener un sentimiento de continuidad con su pasado.

En mi consulta tuve a un niño adoptado de Brasil que sufría mutismo psicógeno. No hablaba, no decía nada. Este tipo de mutismo no se debe a un problema físico, sino que tiene una causa emocional. Es frecuente que se dé en niños adoptados. Le puse una música brasileña muy popular en su país de origen, y cuando la escuchaba se notaba que le gustaba. Era un niño que había oído hablar en portugués durante toda su vida hasta que llegó a España. Empezó a hablar a raíz de escuchar de nuevo su idioma.

Creo que lo que escuchamos, olemos, sentimos y vivimos durante nuestros primeros meses de vida queda grabado en nuestro inconsciente. Y he visto reacciones parecidas en niños rusos, chinos, africanos... Por eso, muchas veces planteo con los padres la posibilidad de hacer un viaje al país de origen del niño. En una terapia, el niño recuperará a través del juego y la palabra esa parte de su historia perdida, pero una visita al verdadero lugar de origen tiene a veces un efecto calmante, tranquilizador, reparatorio. De este modo, los primeros meses y años de vida no son una página en blanco.

Aunque hay muchos padres que no quieren ni hablar del país de origen del niño. Temen que éste quiera regresar a él para siempre. Es muy difícil que un niño adoptado que tiene un buen vínculo con sus padres quiera regresar a su país. Hay niños que fantasean con ello, pero no es algo que quieran hacer de verdad. Los padres deben aceptar que su hijo (sobre todo si fue adoptado ya mayor) tiene dos países y dos culturas: los de origen y los adoptivos.

## Respetar su nombre de origen

Muchos padres deciden cambiar el nombre a su hijo adoptado. Les suena muy ruso o muy marroquí o muy chino, y quieren ponerle a su hijo el nombre que ellos desean. No aceptan no poder decidir cuál será el nombre de su hijo. Pero este cambio puede tener efectos negativos en el niño. El nombre es su primera identidad. Cambiarle el nombre a un niño de cualquier edad es hacer temblar su identidad y romper la continuidad entre su lugar de origen y su lugar de llegada. Creo que es importante respetar el nombre del niño, aunque se llame Nikita o Lía.

## Cuando conviven hijos adoptados e hijos biológicos

Los celos entre hermanos son algo habitual. En el caso de los celos entre hijos biológicos y adoptados puede haber un factor añadido: muchos padres se vuelcan más en los hijos adoptados, porque creen que parten con más desventajas. Y eso es algo que los hijos biológicos detectan y que, en ocasiones, les genera resentimiento. Así que es importante repartir el amor y la atención entre todos los hijos. Hay que estar atentos para que los hijos biológicos no se sientan arrinconados.

## «Tú no eres mi padre de verdad»

Hoy en día, muchos padres tienen problemas para lograr que sus hijos les obedezcan. Y este problema puede ser más grave en el caso de los padres adoptivos. Cuando estos padres vienen a consulta, a veces es necesario que se trate el tema de su esterilidad y de los sentimientos que les crea el haber sido padres adoptando a un niño. Aunque digan que ellos se sienten como si fueran los padres biológicos, para muchos de ellos no es así. En el fondo, algunos se sienten menos padres, menos autorizados, menos capaces de ponerles límites a sus hijos. Y los niños lo notan, por lo que no es extraño que se aprovechen de ello para no hacer caso a sus padres. Son capaces de decirles que «tú no eres mi padre de verdad, así que no puedes mandarme». Algo que para los padres es muy doloroso. ¿Cómo creo que deberían responder ellos? Con algo así: «Claro que soy tu padre de verdad. Y tengo todo el derecho a serlo.» La paternidad no es algo que venga de los genes, es algo que se gana cada día.

# Los abuelos y sus nietos

Ah, los abuelos. No sé si hay algún monumento dedicado a ellos, pero muchos abuelos se lo merecen. Han criado a sus hijos y ahora muchos también se encargan prácticamente de criar a sus nietos. Evidentemente, no hay nada malo en que los abuelos pasen tiempo con sus nietos. Aquí, el tema crucial es el rol: los abuelos tienen que hacer de abuelos.

## Abuelos canguros

Muchos padres que trabajan hasta tarde no se pueden encargar de sus hijos, y son los abuelos quienes toman el relevo de la escuela. Son los abuelos-canguros. Pero hay un problema, pues a un canguro se le paga un dinero por su trabajo y, por tanto, se le puede decir que el niño debe cenar tal cosa o que debe acostarse a tal hora. Y como dicen muchos padres en mi consulta: «A mi padre no le puedo dar órdenes» o «A mi suegra ni se me ocurre decirle que no le dé de cenar fritos cada día a mi hijo».

Claro, muchos padres se ven en la obligación de pedirles a sus propios padres o a su suegra que vayan a buscar a los niños al colegio, les den de merendar, los lleven a la piscina, los recojan y los dejen en casa a las ocho de la tarde. Ah, y si puede ser, con la cena preparada. Así, cuando papá o mamá lleguen de trabajar a las ocho y media podrán dedicarse a su hijo la media hora que queda antes de acostarlo. Cualquiera exige, además, que el niño no vea los dibujos animados o que el abuelo no le dé una chuchería cada tarde o le consienta irse a dormir más tarde de la hora adecuada.

Y este panorama es una fuente de conflictos. Porque los padres demuestran de forma directa o indirecta que no les parece bien la forma que tienen los abuelos de actuar con sus nietos. Conflictos que suelen producirse con los padres de la pareja. Una situación familiar que se va enredando poco a poco y que puede ser realmente problemática. Ya que los abuelos se molestan porque no entienden que, encima que les hacen un favor a sus hijos, no se puedan permitir el lujo de ceder a los caprichos de sus nietos.

## ¿Para qué *sirven* los abuelos?

Porque para eso están los abuelos: para caer en el chantaje de sus nietos y disfrutar con ellos. Los abuelos deben ser abuelos. Y eso es algo que, por desgracia, la sociedad está impidiendo a muchos de ellos. Los abuelos son quienes tienen que dar los caprichos a sus nietos. Es muy saludable que los niños se relacionen con sus abuelos. Pero, cuando están con ellos, las reglas de juego cambian con respecto a los padres. Lo ideal sería que los abuelos estuvieran con sus nietos cuando les apetece. No como una obligación que deben cumplir.

Además, los abuelos les recuerdan a sus nietos que los padres de éstos también fueron niños: les muestran fotografías de la infancia de los padres, les explican anécdotas, les cuentan que «a tu papá tampoco le gustaban las espinacas»... Integran a los niños en una cadena genealógica. Y es muy bueno que los niños estén con sus abuelos y sin sus padres de vez en cuando.

Así se logra establecer una buena relación intergeneracional que no se ciñe únicamente a la generación de los padres.

En el caso de que los abuelos críen a los nietos, los padres de éstos tendrían que intentar que se cumplieran las normas de la casa en cuanto a comidas, horarios y demás cuestiones de la vida cotidiana. Lo ideal sería llegar a pactos. Pactar no es mandar ni enfadarse, y mucho menos criticar. En este caso, como con cualquier persona a la que se deja a los niños, tiene que haber respeto y confianza.

# ¿Sufre abuso sexual?

Uno de los grandes miedos de los padres es que sus hijos sufran abusos sexuales. De vez en cuando, los medios de comunicación explican que la policía ha detenido a un abusador de niños o a varias personas por posesión y venta de pornografía infantil. Son noticias que asustan a los padres, y con razón. Muchos niños sufren abusos sexuales. Y esos abusos no consisten siempre en tocamientos, felaciones o violaciones. También es un abuso sexual obligar a un niño a ver pornografía o pedirle que envíe por e-mail fotografías de él en ropa interior. El abuso sexual es toda aquella intromisión de la sexualidad adulta en el mundo de los niños.

## «¿Cómo puedo saber si sufre abusos sexuales?»

No es fácil detectar si un niño está sufriendo abusos sexuales. En primer lugar, porque el abusador suele ser alguien de la familia o, como mínimo, alguien del entorno del niño. Y el abusador sabe cómo hacer chantaje al niño para que no cuente lo que está pasando. Puede jugar con la confianza que un niño le tiene como abuelo o tío o amigo del padre para que mantenga en secreto lo que pasa.

Pero hay conductas extrañas, conductas sexualizadas, que nos tienen que hacer sospechar que puede haber una situación de abuso. Si un niño habla sobre felaciones o hace ver que se masturba o dice cosas como que «mi pito es de Marianito, y de nadie más», hay que estar atentos. No se puede pensar, simplemente, que «bah, son cosas de niños, lo habrá visto o escuchado en algún sitio». Los niños no se inventan nada sobre sexo que no hayan visto, oído o hecho. Básicamente, porque el sexo no les interesa y la imaginación no les da para tanto. Un niño no hablará sobre felaciones si, de algún modo, no ha escuchado hablar de ellas, ha visto una en la tele o ha presenciado una. Todas estas situaciones se pueden considerar como un abuso sexual. A cada cual más grave. Porque ningún niño debe estar en contacto de ningún tipo con estas prácticas sexuales.

Tuve un caso de una niña de nueve años que jugaba en consulta con figuritas. Un día, encerró a la figurita-niña con la figurita-tío en el cuarto de baño, y jugó a que la figurita-niña le hacía una felación a la figurita-tío. Así pudimos descubrir que el tío abusaba de la niña. ¿Estoy diciendo que siempre que un niño tenga un comportamiento de este tipo ha sido abusado sexualmente de esta forma? No. Puede ser que un adulto obligue a un niño a ver vídeos sexuales o que le envíe contenido erótico por Facebook. Que también son formas de abuso sexual muy graves. Lo que es seguro es que el niño ha estado en contacto (ya sea de forma más o menos directa) con esa situación. Recuerdo otro caso de una niña de ocho años que hacía felaciones a otros niños en el colegio. Un día, una profesora la descubrió y le preguntó que por qué lo hacía. Y la niña le respondió: «Porque es lo que les gusta a los niños.» ¿Cómo había llegado a esa conclusión? Resulta que la niña vivía con el padre, que estaba divorciado. Y éste miraba pornografía a través de internet. Y el muy irresponsable se iba a dormir sin cerrar la web pornográfica ni el ordenador. Así que la niña (muy curiosa, como todos los niños) también tenía acceso a los contenidos pornográficos. El padre fue juzgado por abuso, porque no se puede dejar pornografía al alcance de los niños. Incluso esta situación es un abuso sexual, aunque sea por negligencia. Si un padre quiere consumir pornografía, tiene que hacer todo lo posible para que sus hijos no tengan acceso a ella.

Me gustaría insistir en algo que considero extraordinariamente importante: cuando un niño tenga un comportamiento sexual extraño para su edad, hay que investigar qué sucede. Es algo que no podemos dejar pasar. Es algo que hay que investigar, hay que preguntarle al niño, hay que ir a la escuela, hay que abrir los ojos.

Además, aconsejo acudir a un psicólogo clínico o un psicoanalista que esté familiarizado con abusos sexuales. Será la mejor manera de saber qué está pasando. Si un niño de cuatro años juega a hacer felaciones, es que lo ha visto en algún sitio. Si dice que se da besos en la boca con otros niños, quizá se lo está inventando pero lo habrá visto en algún sitio. Puede que lo haya visto en sus padres. Lo que quiero transmitir es que, en esos comportamientos sexualizados, siempre hay una parte de realidad. Y hay que investigar cuál es esa parte de realidad.

Otro caso real que demuestra la variedad de situaciones que se pueden dar sobre este tema. Un caso en el que la madre se comportó de una forma muy inteligente. La madre está vistiendo a sus dos hijos, un niño de ocho años y una niña de seis. La niña hace bromas con el pito de su hermano, algo muy normal. Y el hermano le dice: «No hables de mi pito porque mi pito es de Juanito.» La madre capta la frase y se queda extrañada. Así que investiga y le pregunta al niño, sin enfadarse ni angustiarse: «Anda, ¿y cómo es eso?» Y el niño le responde inocentemente: «Es que Juanito y yo hacemos cositas con el pito en el recreo...» La madre no dice nada más, no angustia al niño ni le hace sentir culpable. Y se va a hablar con los profesores. Ésta es una de las primeras cosas que hay que hacer: preguntar en la escuela por si los profesores sospechan que está pasando algo raro. En el colegio dicen que el niño miente. Pero la madre insiste. El colegio investiga y se descubre que Juanito está siendo abusado por un tío de la madre. Lo que hacía Juanito era repetir lo que le hacían a él.

Así que, aunque investigar estas cosas genere angustia, es una responsabilidad que tiene todo adulto que se dé cuenta de que un niño tiene un comportamiento sexual extraño.

## Los peligros de Internet

Una de las razones por las que creo que un niño no debe tener un perfil en Facebook o en alguna otra red social es que se expone a sufrir abusos sexuales, como ya explico en el capítulo «Mi hijo pasa mucho tiempo ante una pantalla». Es una cosa que está pasando cada vez con más frecuencia. Desconocidos o conocidos que se hacen pasar por niños (se inventan un perfil falso con fotografías falsas incluidas) para ganarse la confianza de un niño y pedirle fotografías en ropa interior o que se conecte a la webcam para hacer lo que les pidan. Por ejemplo, les piden que les envíen fotos en ropa interior y les amenazan con decirles a sus padres que ellos (los niños) lo empezaron todo. Y muchos niños no piensan: «Esto no puede ser; tengo que contárselo a mamá», porque tienen miedo a que sus padres se enfaden con ellos. La amenaza funciona porque el niño sabe que está haciendo algo malo, aunque no sepa que él no es el culpable.

## Cómo tratar al niño que sufre o ha sufrido abusos sexuales

Si unos padres se enteran o sospechan que su hijo sufre o ha sufrido abusos sexuales, deben acudir inmediatamente al psicólogo clínico o el psicoanalista. En algunos hospitales tienen departamentos especializados en tratar a niños que han sufrido abusos sexuales. Aparte del trabajo que haga el psicoterapeuta, los padres deben tener en cuenta varios consejos para tratar a los niños que pasan por estas situaciones.

Habitualmente, el niño no tiene muchas ganas de hablar de este tema. Es muy importante respetar los silencios y los tiempos del niño. No hay que acosarlo a preguntas. El trabajo que hará el psicólogo clínico o el psicoanalista es ayudar al niño para que pueda ir elaborando lo que le ha pasado, pero a su ritmo. Es fundamental, por tanto, respetar el ritmo del niño. Quizá pasen semanas o meses hasta que se decida a hablar con los padres de lo que ha pasado. Siempre aconsejo a los padres que no se angustien y que tengan paciencia. El niño debe sentirse preparado para hablar de lo que ha pasado; si se le obliga a hablar, es como si lo retraumatizáramos.

Muchos padres sienten tanta angustia en una situación así, se sienten tan bloqueados, que optan por no hacer nada. Saben quién es el abusador, se encargan de que nunca más se quede a solas con el niño y confían en que, como el niño crecerá, ya se olvidará de lo que ha pasado.

Pero, aparte del tratamiento psicológico, considero que hay que denunciar al abusador. Además, hay que apartar al abusador de la familia, ya sea el abuelo, el padre, un tío, un amigo... Esa persona no puede seguir relacionándose con el niño porque, si no es apartado, si todo sigue igual, ¿en qué lugar queda el dolor del niño? El niño sentirá que la persona que ha abusado de él, que lo ha traicionado, no tiene castigo. Y sentirá, entonces, que también lo traiciona el resto de la familia. Por otro lado, si el abuso se mantiene en secreto, si el niño no puede hablar de lo que ha pasado cuando se sienta preparado para ello, se sentirá solo y angustiado.

## Policía, jueces, médicos...

Cuando se produce un caso de abuso sexual, suele ser necesario hacer una denuncia a la policía, muchas veces hay un juicio, hay que llevar al niño al médico para que lo examine... Situaciones, todas ellas, que pueden hacer que el niño reviva la experiencia traumática. Es necesario que se lleven a cabo con la máxima delicadeza para el niño. En general, la policía, los fiscales, los médicos... saben cómo hacerlo.

## Las consecuencias del abuso sexual

El abuso sexual no tiene por qué dejar huella en el niño si se trata correctamente desde un punto de vista psicoterapéutico. Es normal que los padres tengan miedo de las consecuencias que puede tener en su hijo el hecho de que haya sido abusado. Temen

251

que algo de su sexualidad se vea afectado, que no pueda vivir su sexualidad de forma natural. Por otro lado, cuando más cercana es la persona que ha cometido el abuso y más violento haya sido éste, más graves pueden ser las consecuencias.

Si el niño no recibe el tratamiento psicológico adecuado, es cierto que puede sufrir consecuencias. Por ejemplo, es probable que un niño abusado sea en el futuro un adulto abusador. Esto se debe a que los seres humanos tendemos a repetir durante toda la vida las situaciones placenteras y las displacenteras que hemos vivido. Si las situaciones han sido traumáticas, dejan una huella profunda en el psiquismo. Las personas que sufren traumas tienden a hacer algo con ellos. Lo que se vive pasivamente tiende a salir de forma activa. Por eso los niños abusados tienen más probabilidades de ser abusadores; los niños agredidos, agresores... Es lo que los psicoanalistas llamamos «compulsión a la repetición».

Además, los niños abusados sexualmente tienen más riesgo de sufrir problemas psicológicos en la adolescencia y la vida adulta. Repito: si el niño recibe el tratamiento adecuado, no tiene por qué quedar traumatizado de por vida. Si el niño va al psicólogo clínico o el psicoanalista, tendrá un espacio en el que podrá elaborar lo que ha pasado para luego olvidarlo de una forma sana.

# Si mi hijo se enferma
# o deben operarlo...

Algunos niños, desgraciadamente, sufren una enfermedad o tienen que afrontar una operación quirúrgica de cierta importancia. Como es lógico, se trata de una situación que angustia mucho a los padres. Ver a un hijo padecer por una enfermedad o entrar en un quirófano es muy doloroso. Voy a hablar de tres situaciones que suelo tratar en consulta: qué hacer en el caso de que el niño sufra una enfermedad grave, qué hacer si sufre una enfermedad crónica y qué hacer si lo tienen que operar.

## Si sufre una enfermedad grave

El cáncer es una enfermedad muy grave que también puede afectar a los niños. Aunque éstos también pueden sufrir otras enfermedades graves, como problemas de hígado o de riñón, meningitis... O pueden sufrir un accidente que comprometa seriamente su salud y su vida. Parece que hay algo antinatural en que un niño sufra leucemia o cáncer de huesos. Quizá tenemos asociado que el cáncer es una enfermedad de los adultos. Pero, aunque parezca muy injusto, algunos niños tienen que enfrentarse a esta enfermedad. El problema con el cáncer infantil es que puede ser especialmente virulento, ya que los niños están creciendo y eso favorece el desarrollo de la enfermedad.

Cuando los padres son informados de que su hijo sufre una enfermedad grave, se despierta una angustia terrible: «¿Y si se muere?» Voy a centrarme en el caso del cáncer, porque quizá es la enfermedad grave más frecuente en la infancia. Aunque las sugerencias que dé se pueden aplicar a otras enfermedades graves o si el niño ha sufrido un accidente y su pronóstico es grave.

Los padres proyectan muchos deseos, expectativas e ilusiones en su hijo: quieren que estudie, quieren que juegue a fútbol, quieren que consiga un buen trabajo... Con el diagnóstico de una enfermedad tan grave, todo se reduce al deseo de que su hijo sobreviva y quede con el menor número de secuelas posible. A veces, los padres necesitan recibir ayuda psicológica para poder sentirse más fuertes para ayudar a sus hijos. Recomiendo que, si sienten que no tienen fuerzas, si sienten que están a punto de hundirse, no duden en buscar asesoramiento psicológico. Los adultos que rodean al niño (padres, abuelos, tíos...) tienen que estar tan enteros como sea posible porque seguramente esperan semanas, meses o años de visitas al hospital, de ingresos, de sufrimiento físico o psicológico... Un calvario para el que casi nadie está preparado.

La primera duda de los padres es: «¿Hasta qué punto le explicamos lo que le pasa?» Creo que hay que explicarle la verdad, sin entrar en detalles muy violentos, pero sin escatimarle palabras como «cáncer», porque el niño las oirá a su alrededor. Por otro lado, hay que tener en cuenta que los niños no tienen la misma noción de la muerte que los adultos. Les cuesta entender que la muerte es el fin. Viven más el presente, sin pensar mucho en que en el futuro se harán adultos, trabajarán, se emparejarán... Así que, muchas veces, los niños se angustian menos que sus padres cuando tienen una enfermedad grave. Tampoco creo que sea necesario explicarle al niño que tiene un riesgo más o menos elevado de morir.

Está demostrado que un factor muy importante para superar una enfermedad es el optimismo, gozar del mejor estado de ánimo posible. En estos casos, toda la vida familiar va a girar en torno al niño y su problema de salud. A veces, uno de los padres deja de trabajar para poder cuidar al niño. Insisto en que los padres tienen que cuidarse para poder cuidar. Aunque sólo quieran vivir para su hijo, también tienen una pareja, también tienen derecho a dar un paseo, también tienen derecho a ir una tarde al cine. Estas situaciones pueden desgastar mucho psicológicamente.

Así que recomiendo permitirse un tiempo y un espacio para uno mismo, para relajarse, para desconectar.

## Si el desenlace es inevitable

Considero que el niño tiene derecho a saber que va a fallecer. Muchos niños prefieren no preguntar, no saber. Aquí estamos en una encrucijada moral: ¿se le explica al niño que va a fallecer aunque no quiera saberlo? Yo creo que en ambas opciones, tanto si se le explica como si no, hay sufrimiento. Si se le explica, porque hacemos que el niño sea consciente de su muerte. Y si no, porque la angustia le vendrá porque percibirá que está a punto de pasar algo grave y sentirá que sus padres le ocultan algo.

Muchos padres prefieren la opción de no explicar nada. De este modo, sienten que ahorran sufrimiento a su hijo. Pero hay que tener en cuenta que el niño tiene derecho a saber qué pasa con su vida. Por otro lado, muchos padres que no le cuentan la verdad al niño se arrepienten tras su muerte. Se sienten culpables porque se dan cuenta de que lo hicieron más por ellos mismos que por el niño.

Si los padres le explican a su hijo que va a morir, podrán hacer algo fundamental: despedirse de él. La muerte de un hijo es un golpe durísimo. Lo peor que puede vivir una persona. Y creo que una buena despedida, en la que los padres acompañen a su hijo y le digan lo mucho que lo quieren, es fundamental para el proceso posterior: el duelo por la muerte de su hijo. Además, también es justo que el niño se pueda despedir de otros seres queridos, como sus abuelos, sus hermanos, sus amigos...

## Tras la muerte del hijo

La muerte de un hijo es una fractura tan grande y traumática en la vida de una persona que muchas parejas se acaban separando. Los miembros de la pareja pueden estar tan destrozados que no consiguen acompañarse mutuamente en su duelo. Generalmente, los procesos de duelo tras la muerte de un hijo requieren la ayuda de un profesional. Creo que lo más importante cuando sucede un hecho tan traumático es comprender que el duelo puede ser muy duro. Suele ocurrir que una persona que ha perdido a un hijo tenga tendencia a encerrarse en sí misma. No es que quiera abandonar a su pareja. Está pasando por un duelo muy profundo.

## Si sufre una enfermedad crónica

Los niños pueden sufrir enfermedades crónicas. No son enfermedades que los coloquen necesariamente en riesgo de muerte. Pero algunas de ellas, si no se controlan bien, pueden generar complicaciones muy serias. Es el caso de la diabetes, la hemofilia... Según mi experiencia, los padres se suelen angustiar y preocupar más que los hijos cuando reciben el diagnóstico. A los padres les apena mucho que su hijo sufra una enfermedad crónica, porque, como es lógico, puede restar calidad de vida. Además, les angustia que le pueda pasar algo grave a su hijo.

Pero, hoy en día, en los países desarrollados, estas enfermedades no son mortales si se siguen unas pautas de prevención adecuadas. Ésta es la clave en estos casos: enseñar al niño a que debe seguir unas pautas. Los padres tienen que entender muy bien qué pautas debe seguir el niño y explicárselas a éste las veces que haga falta y, como es lógico, supervisar que las cumple. No se trata de que los padres estén siempre encima del niño.

Del mismo modo que los padres no van a atar siempre los cordones de los zapatos de su hijo, tienen que animar a su hijo para que se haga responsable de su enfermedad. Por ejemplo, en el caso de la diabetes, tienen que explicarle muy bien lo que es la insulina, para qué sirven las inyecciones, qué le puede pasar si se come una piruleta cuando no debe... No hay que escatimarle ni un gramo de verdad, por muy cruda que sea, porque es fundamental que el niño tome conciencia de que debe cuidarse. Si el niño es muy pequeñito, le costará entenderlo, claro. Y los padres tendrán que estar encima de él. Pero, aun así, tienen que explicarle lo que le pasa.

Ayuda, por ejemplo, hacerlo con dibujos. Los dibujos o los cuentos son un material muy cercano al niño. No me parece adecuado emplear fotografías realistas, tipo imágenes médicas bajadas de Google, porque sí que pueden traumatizar al niño. Cuando a un niño se le explica bien su enfermedad y lo que tiene que hacer para cuidarse, lo llevará con normalidad. Y, como decía, seguramente no se angustiará tanto como sus padres. Algunos chicos con diabetes me han dicho que sus padres están mucho más asustados que ellos.

La enfermedad saca al niño de esa despreocupación en la que viven la mayoría de los niños. Pero es muy importante que hagan una vida tan normal como sea posible. Incluso, el hecho de tener que ocuparse de algo tan serio como su enfermedad ayuda a que algunos niños sean más maduros para su edad. Es necesario que la vida alrededor del niño sea normal. No se puede vivir siempre con la espada de Damocles de la enfermedad encima. Por ejemplo, los padres de un niño diabético se pueden comer un pastel aunque el niño no pueda, o pueden tener algo dulce en la nevera para el hermanito que no es diabético.

El niño que sufre una enfermedad crónica debe aprender a desenvolverse en un mundo que no gira en torno de su problema de salud.

Y hay padres que no dejan que su hijo diabético vaya a dormir a casa de un amigo «por lo que le pueda pasar». Pero si el niño sabe qué tiene que hacer para cuidarse, no veo por qué no puede ir. Hay que evitar traspasarle angustia al niño.

Por otro lado, algunos niños alardean de su enfermedad ante sus amigos. Se hacen los importantes por el hecho de tener que pincharse o de que reciben un trato especial en el colegio. Es una forma de superar la angustia que les genera la enfermedad. En este caso hay que enseñarles que su cuerpo y su enfermedad pertenecen a su intimidad. Hay que enseñarles que no es correcto que haga ostentación cada vez, por ejemplo, que tienen que pincharse.

## Si tienen que operarlo

Fracturas de hueso, apendicitis, fimosis, problemas de riñón... Cuando un niño tiene que pasar por el quirófano, es necesario prepararlo. Hay padres que no le dicen nada al niño, con el pretexto de que no lo quieren angustiar, hasta que, prácticamente, está a las puertas del quirófano. Muchas veces no se tiene en cuenta a los niños. Incluso se habla ante ellos de su problema de salud o de la operación como si no estuvieran allí, escuchando. Y no se le puede avisar la noche antes o la mañana antes de la operación. Los padres tienen que decirle al hijo que lo van a operar nada más saberlo ellos. Y, evidentemente, no aconsejo explicárselo con la cruda realidad de los vídeos de YouTube.

Yo siempre aconsejo dos cosas. Por un lado, que vayan con su hijo a visitar el quirófano en el que lo van a operar, a poder ser con el médico que se encargará de la operación. Esto es lo que se hace en muchos hospitales y recibe el nombre de «psicoprofilaxis quirúrgica». ¿Por qué es tan útil? La información disipa la angustia. La desinformación genera angustia. Y vuelvo con los dibujos: son el mejor recurso para explicarles a los niños (sobre todo, a los más pequeños) lo que supone una operación. El dibujo les enseña lo que va a pasar y respeta su mentalidad infantil. Otra opción son los muñequitos, y, por ejemplo, jugar a que un médico-muñequito opera a un niño-muñequito. Estas estrategias, tan cercanas a la mentalidad infantil, son muy útiles. Si se prepara a un niño antes de una operación, seguramente se recuperará de forma más rápida.

## Enfermedades psicosomáticas

El factor psicológico es muy importante en algunas enfermedades o problemas de salud. El asma o las alergias, por ejemplo, aparecen cuando el niño tiene las defensas muy bajas. Y, hoy en día, sabemos que el estrés ataca al sistema inmunológico y baja las defensas. En el caso de las alergias, es necesario que haya un alérgeno que las desencadene, pero el estrés desempeña un papel fundamental. Por eso, este tipo de enfermedades se llaman «psicosomáticas», porque lo «psico» afecta al «soma» (el cuerpo). Así que es importante utilizar las medicinas con criterio. A veces, los padres atiborran a su hijo con antibióticos porque éste tiene anginas con frecuencia, en lugar de preguntarse por qué su hijo tiene las defensas tan bajas. Creo que es necesario plantearse qué factores en la vida del niño pueden estar estresándolo y, por tanto, causando que tenga las defensas más bajas. Normalmente, reducir la fuente de estrés hace que muchos niños tengan menos problemas de salud como asma, resfriados, alergias...

# Cómo le explico la muerte de un ser querido

«¿Dónde está el abuelo?», «¿Por qué no viene nunca el tío Juan?», «¿Por qué está tan triste mamá?». La mayoría de los niños tienen que enfrentarse a alguna muerte, ya sea de un abuelo, un tío, el padre de un compañero de clase... Algunos tienen que asumir la muerte de un amigo. Y, a veces, la muerte es mucho más traumática para su vida, como cuando fallece un progenitor o un hermano. Si para un adulto ya es complicado hacerse una idea de lo que es la muerte, para un niño lo es mucho más.

Asimismo, para alimentar todavía más su confusión ante la muerte, los niños están acostumbrados a videojuegos en los que los personajes pueden resucitar o a ver películas en las que los muertos se convierten en bellos y simpáticos vampiros. Así que es importante explicarles de forma correcta la muerte del ser querido.

## Cómo explicar una muerte a un hijo

Considero que hay que centrarse en que el niño entienda la idea fundamental que representa la muerte: que la persona fallecida no volverá más. Es una idea que nos cuesta entender y aceptar incluso a los adultos. Así que será necesario explicarla varias veces. Por ejemplo, hay que contarle al niño que el abuelo murió en el hospital porque estaba viejito, y que ahora está enterrado. Seguramente, al niño le será difícil entender que el abuelo pueda estar enterrado (que pueda estar en un sitio) pero que no pueda volver. Hay que explicarle que sólo es su cuerpo, que el abuelo, en realidad, no está. Como decía, le costará entenderlo, por lo que será necesario explicárselo varias veces. Pero es mejor decirle la verdad, sin entrar en detalles morbosos o complicados, y no inventar cuentos o historias fantásticas que lo confundirían.

Otra cosa importante es comunicarle al niño la noticia de la muerte lo antes posible. Algunos padres esperan uno o dos días tras el fallecimiento, pero el niño se da cuenta de que pasa algo en la familia y se angustia. Y es bueno para el niño hablar de las personas fallecidas de vez en cuando. Si su madre ha fallecido, tiene derecho a recordarla con su papá y sus hermanos. Pero, sobre todo, es fundamental que quede bien claro que ella no va a volver. Por eso, no hay que decirle que «tu mamá está muerta pero te quiere». Es mejor decirle que «mamá ha muerto, pero si estuviera viva seguro que estaría muy orgullosa de ti».

Todo esto es un trabajo de equipo. Hay que coordinarse con toda la familia y las personas cercanas al niño para que no den explicaciones fantasiosas o contradictorias. No serviría de mucho que papá y mamá se esforzaran en que su hijo entienda que su abuelo ha muerto si la abuela, superada por su angustia, le cuenta que está en un sitio muy bonito esperándole.

Hay padres que utilizan películas o cuentos en los que se trata la muerte para que sus hijos la entiendan. El problema es que no abundan las películas o cuentos para niños en los que se trate la muerte de forma realista. En muchas de ellas, los muertos resucitan. En algunas películas, como *El rey león* (aunque el león Simba, para aceptar la muerte del padre, debe convertirse en él), la muerte se trata de forma bastante realista.

## Qué no aconsejo hacer al explicar la muerte de un ser querido

Explicarla de una forma poco realista. Muchas veces, los padres creen que si le cuentan a su hijo que el abuelo ha muerto y que está enterrado y que no lo verán más, el niño se puede traumatizar. Así que se inventan historias como que «el abuelo se ha ido de viaje» o el «abuelo está en el cielo». Pero son explicaciones que confunden al niño y que pueden generarle mucha angustia. Son explicaciones en las que da la impresión de que la persona fallecida está entre los vivos de alguna manera. Si se le dice que el abuelo se ha ido de viaje, los niños pueden creer que si su papá se va de viaje también puede morir. Y hay niños que tienen auténtico pánico a coger aviones porque temen encontrarse con sus abuelos muertos cuando estén surcando el cielo. Todas estas pseudomentiras o pseudoverdades generan miedos en los niños. Toda mentira en torno a la muerte genera miedos. Otra habitual es decirle al niño que el abuelo está durmiendo pero que ya no se despertará. ¿Qué puede pasar? Que el niño crea que si él o su mamá o su papá se van a dormir quizá se mueran.

Y este miedo a explicar la muerte de forma realista es más intenso cuanto más estrecha haya sido la relación del niño con la persona fallecida. En los casos más extremos, se niega la muerte. Recuerdo el caso de un padre que le ocultó a su hijo que su madre había muerto. Le decía que estaba ingresada en un hospital de un país extranjero y que no se podía poner al teléfono porque los médicos le aconsejaban reposo absoluto. Pasaban los días, y el niño insistía en hablar con su madre. Y el padre seguía con la misma historia. Es evidente que la angustia y la pena impedían a ese padre hablar de la muerte de su mujer a su hijo. Pero las consecuencias para éste fueron terribles. Finalmente, se enteró de que su madre había muerto y el duelo fue más complicado. Además, tuvimos que trabajar el rencor que le guardaba a su padre por haberle mentido.

Otra estrategia poco recomendable que siguen bastantes padres es evitar hablar de la persona fallecida. Dan la explicación a medias que creen que calma al niño y piensan que, si no vuelven a sacar el tema, el niño no sufrirá. Una actitud protectora hacia los niños que en realidad es la coartada perfecta para que los padres no tengan que hablar de su duelo o su angustia. Quieren actuar como si no hubiera pasado nada. Creen que hablar del dolor causa más dolor, pero no hablar del dolor es lo que más duele. El niño, por su parte, capta que preguntar y querer saber hace sufrir al otro (y no quiere que papá o mamá sufran). Algunos padres ven con alivio que el chico está muy bien, que no le afectó la muerte de su abuelo o su hermano o un compañero de clase, porque parece que todo sigue como antes y no habla del tema. Pero seguramente esa muerte no hablada causará algún síntoma en el niño, como miedos o problemas para dormir.

## «¿Es bueno que vea el cuerpo del fallecido o que vaya al entierro?»

Creo que es bueno para el niño que acuda al tanatorio y al entierro. Al fin y al cabo, es el ritual que siguen muchas personas para despedirse de sus seres queridos. Así puede comprobar que es verdad que el abuelo o su papá han muerto. Que todo el mundo habla de ello. En cuanto a ver el cuerpo, lo aconsejable es que el niño lo vea si lo pide. Pero no hay que obligarlo. Además, aunque lo pida, hay que prepararlo antes de que se enfrente a la visión del cuerpo de un ser querido fallecido. Hay que explicarle que, aunque el abuelo parezca dormido, está muerto.

## Cuando muere el padre o la madre

La muerte de un padre o una madre es una experiencia muy dolorosa para un niño y un riesgo para su desarrollo psicológico. El progenitor que sobrevive debe hacer el duelo a la vez que ayuda a su hijo a realizar el suyo. Algo que supera a muchas personas. Así que suele ser aconsejable acudir a un psicólogo clínico o un psicoanalista.

Tuve el caso de un niño que, siendo bebé, vivió una experiencia muy dura. La madre se fue a trabajar y el padre se quedó con él. Por la tarde, la madre se encontró a su bebé jugando con su padre fallecido. Llevaba muerto casi doce horas a causa de un infarto. La madre no habló nunca más de la muerte de su marido. Incluso dejó de tratarse con la familia de éste. Cuando el hijo, ya cumplidos algunos años, le preguntaba por su padre, ella le decía que los había abandonado. Pero él tenía algunos recuerdos lejanos de su padre. Y empezó a sentir verdadero pánico de separarse de la madre. Cuando venía a consulta, el niño quería que jugáramos a que yo me hiciera el muerto. Luego, me despertaba y me preguntaba (en realidad, le preguntaba a su padre) si yo podía saber qué era de su vida (de la vida del niño) desde mi lugar de muerto. Poco a poco, jugando, pudimos construir en la psique del niño la imagen de un padre que, aunque estuviera muerto, lo había deseado y amado.

## Cuando muere un hermano

Como en el caso de la muerte de un padre o una madre, se trata de una pérdida muy dolorosa para un niño. Ya he señalado que es importante hablar las veces que haga falta de la muerte, de lo que significa la muerte. El problema es que los padres estarán pasando por un proceso de duelo también durísimo. Así que quizá les falte energía para acompañar a su hijo en su duelo, para hablar del hermano fallecido. Para el niño, también es muy complicado sentir que sus padres están deprimidos y que no pueden sostenerlo.

Aunque los padres sepan que su hijo está pasando por un doble duelo (por la muerte de su hermano y por la pérdida temporal que supone que sus padres estén muy deprimidos), no pueden correr en su duelo. Tienen derecho a superar la muerte de su hijo a su ritmo. Un error que se suele cometer es desmontar completamente la habitación del hijo fallecido a los pocos días de la muerte. Hay que esperar un tiempo, hasta que el duelo esté más avanzado. Pero tampoco hay que dejar la habitación tal cual durante varios años.

## Cuando muere un compañero del colegio

Es una situación muy traumática para el niño. Los padres tienen que hablar mucho con el niño para que éste pueda ir superando su tristeza y su angustia. Además, es fundamental que el colegio actúe de forma adecuada. Por ejemplo, hablando en clase de vez en cuando de lo que ha pasado, a los niños pequeños les ayuda hacer dibujos sobre lo que ha pasado... Hay colegios en los que se crea un rincón de la memoria, con arbolitos y fotos. Aunque algunos padres creen que recordar la muerte de un niño de esta forma puede ser traumático para sus hijos. Pero no es así. Lo que es traumático es silenciar esa muerte. Gracias a estos rituales (del mismo modo que los adultos tenemos los nuestros) los niños pueden ir elaborando la pérdida.

## Cuando sabemos que alguien está a punto de fallecer

Muchas veces, sabemos que una persona está en sus últimos días de vida. Por ejemplo, en el caso de las personas mayores o cuando alguien está en la última fase de su enfermedad. Y es necesario preparar a los niños para la inminente muerte de un ser querido. Si los padres saben que el abuelo está a punto de morir, tienen que decírselo al niño. No pueden ocultarle esa realidad, no pueden hacer como si no pasara nada. El niño se dará cuenta de que está sucediendo algo grave y se angustiará porque nadie le explica qué es lo que pasa. Y, si el niño quiere despedirse del abuelo, hay que permitirle que lo haga.

## Cómo es el duelo en los niños

En el duelo de los niños no suele dominar, por lo general, la tristeza ni el abatimiento moral, sino lo que se denomina «equivalentes depresivos», que, habitualmente, afectan al cuerpo. Además, los síntomas suelen ser más graves cuando más pequeño es el niño, porque se siente más incapaz de asimilar la pérdida. Y, sobre todo en los niños más pequeños, es habitual que a veces estén jugando como si no recordaran nada y acto seguido se pongan a llorar desconsoladamente. Éstos son algunos de los síntomas más típicos de que un niño aún está en proceso de duelo por la muerte de un ser querido:

▶ Desaparición brusca de adquisiciones en su desarrollo intelectual, afectivo o motor.

▶ Pérdida de interés por actividades con las que antes disfrutaba, como el dibujo, el fútbol, la música...

▶ Comportamientos infantiles para su edad. Se mete el dedo en la boca como si fuera el chupete o se aísla.

▶ Se muestra apático y luego de repente se pone a llorar.

▶ Trastornos del sueño (pesadillas) y de la alimentación (anorexia).

▶ Se distrae mucho en la escuela y saca peores notas.

▶ Parece más ansioso.

▶ Sufre con frecuencia trastornos gastrointestinales o problemas de salud como otitis o anginas.

▶ Se expone a riesgos o sufre más caídas o accidentes de lo habitual.

# Epílogo

«No puedo pensar en ninguna necesidad en la infancia tan fuerte como la necesidad de protección de un padre», escribió Sigmund Freud. Espero haber transmitido con este libro que ser padres, criar a un hijo, es una tarea importantísima. Es, en mi opinión, la labor más importante que puede realizar una persona en la vida. De qué modo se ejerza la paternidad va a tener una influencia determinante en la vida del niño y del futuro adulto. Lo veo continuamente en mi consulta, cuando atiendo a pacientes adultos que me explican su infancia. Y puedo afirmar que los cimientos de una buena salud mental se empiezan a construir desde el nacimiento.

Por otro lado, creo que es importante señalar que los hijos se tienen para entregarlos a la vida. Para, como ya he mencionado varias veces, ayudarlos en el difícil camino de la dependencia total a la independencia total. Como escribió el poeta libanés Khalil Gibran: «Tus hijos no son tus hijos. Son hijos e hijas de la vida deseosa de sí misma. No vienen de ti, sino a través de ti, y aunque estén contigo no te pertenecen.»

Muchos conflictos psicológicos en los futuros adultos, muchos problemas en las relaciones entre padres e hijos, vienen de unos padres que quieren imponer a sus hijos una visión del mundo, un rumbo en la vida, una forma de ser. Quieren que su hijo sea abogado, o que les dé nietos, o que tenga éxito, o que no sea homosexual, o que... Quizá no se lo dicen abiertamente, pero un hijo sabe cuándo está decepcionando a sus padres. Ésta es la mejor manera de amargar la vida a una persona. Los padres están de paso. Tienen una tarea muy importante. Pero es un trabajo temporal, porque con el paso de los años tendrán que dar más y más libertad a sus hijos. Hasta que éstos sean adultos. Hasta que éstos tomen definitivamente las riendas de su vida y cometan, como todos, sus propios aciertos y errores.

Además, un día los padres ya no estarán. Así que me gustaría insistir en que la paternidad es una tarea que debe tener como objetivo lanzar a los hijos a la vida, no quedarse atados a ellos. A lo largo de este libro hemos hablado de las dificultades que se pueden encontrar los padres. Que si un hijo no obedece, que si no quiere comer, que si los padres se separan, que si sufre acoso escolar... La infancia no es un camino de rosas. La paternidad tampoco lo es. Es un oficio complicado y exigente. Pero tiene momentos maravillosos, únicos, irrepetibles... La cara de un hijo nada más nacer, la primera sonrisa, las primeras palabras, acompañarle a su primer partido de fútbol, darse cuenta de lo querido que es por sus amigos... La paternidad depara momentos muy bonitos y emocionantes.

Por eso, creo que es importante dedicarles tiempo a los hijos. Para ayudarles en los momentos duros, para estar ahí cuando lo necesitan y para disfrutar al máximo de ellos. Ya lo he comentado varias veces. Creo que uno de los grandes problemas de la actualidad es que muchos padres no pasan (por diferentes motivos) suficiente tiempo con sus hijos. Esta falta de tiempo, sumada a la dificultad de muchos padres de ponerles límites a sus hijos, está causando problemas en muchos niños.

Para acabar este libro, me gustaría aconsejarles que les dediquen todo el tiempo que puedan a sus hijos. Más allá de que hagan algunas cosas peor y otras mejor, estoy convencido de que, si quieren de verdad a sus hijos y pasan tiempo con ellos, las cosas saldrán, como mínimo, razonablemente bien. Habrá épocas mejores y épocas peores. Algunos problemas se encallarán un poco y otros se resolverán con facilidad. Es la vida. Ni los padres más atentos, creativos y cariñosos del mundo pueden evitar que sus hijos tengan problemas o pasen por etapas complicadas.

Tiempo con los hijos, pero de calidad. Un tiempo de calidad, un tiempo en el que se esté de verdad con ellos, conociéndolos.

Porque hay que dedicar tiempo a conocer a los niños, a descubrir sus necesidades, a saber qué desean en la vida. Hablar con ellos, preguntarles, no dar por supuesto que están bien... Repito: la paternidad es la tarea más importante que se tiene en la vida. Y vale la pena disfrutarla.